Adel Theodor Khoury

Muhammad

Adel Theodor Khoury

Muhammad

Der Prophet und seine Botschaft

HERDER

FREIBURG · BASEL · WIEN

Aktualisierte und erweiterte Neuausgabe 2008

© Verlag Herder GmbH, Freiburg im Breisgau 1990/2008
Alle Rechte vorbehalten
www.herder.de

Satz: Barbara Herrmann, Freiburg
Herstellung: fgb · freiburger graphische betriebe
www.fgb.de

Gedruckt auf umweltfreundlichem, chlorfrei gebleichtem Papier
Printed in Germany

ISBN 978-3-451–29825-7

Inhalt

Vorwort

Zu Muhammad, zu der Botschaft, die von ihm verkündet und im Koran, dem heiligen Buch des Islams, aufgezeichnet wurde, und zu der Lebensordnung, die er seiner Gemeinschaft vorgeschrieben hat, bekennen sich heute etwa 1,3 Milliarden Menschen in der Welt, davon über drei Millionen in Deutschland. Nicht nur diese drei Millionen sind unsere Nachbarn, sondern auch alle übrigen Muslime. Denn die Völker, Religionen und Kulturen leben heute in einer zusammenrückenden Welt. So sind die Christen dazu aufgefordert, sich nicht nur über die Religion und die Ordnungsvorstellungen der Muslime zu informieren. Sie müssen auch ihre Position gegenüber dem Verkünder des Islams selbst, Muhammad, definieren.

Muhammad gehört zu den bedeutendsten Gestalten der Religionsgeschichte. Über ihn wurde verschieden geurteilt. Manche Nicht-Muslime haben ihn als einen Kranken oder als einen Menschenverführer bezeichnet. Heute stehen seine Aufrichtigkeit und sein tiefes religiöses Bewusstsein außer Zweifel. Für die gläubigen Muslime ist er ein großer Prophet und der Gesandte Gottes, der den Menschen die Offenbarung Gottes in der abschließenden und letztgültigen Etappe der Prophetengeschichte verkündet hat.

Dieses Buch stellt den Versuch dar, die wichtigsten Züge der Gestalt Muhammads nachzuzeichnen. Mir geht es hier nicht um die Auseinandersetzung mit den Arbeitshypothesen mancher Autoren über Muhammad und den Koran, sondern – im Rahmen der Suche nach Grundlagen für den Dialog mit dem Islam – um die Rezeption der Angaben über Muhammad in den von Muslimen anerkannten Urkunden ihres Glaubens. Es sind dies die Angaben des Korans und der islamischen Tradition: Überlieferung (Hadith), Biographien des Propheten (Sira), Frömmigkeit und Rechtstradition.

Das Porträt Muhammads gewinnt seine Konturen durch die Beschreibung seiner Reaktion auf das Berufungserlebnis und den Widerstand seiner Gegner sowie seines inneren Vertrauens auf den Gott, der ihm bei der Ausrichtung der Botschaft nahe bleibt. Weitere Züge werden deutlicher in seiner Haltung gegenüber den verschiedenen Gruppen und Gemeinschaften, mit denen er in Kontakt trat und unter denen er die Interessen der islamischen Gemeinschaft zu sichern suchte: Polytheisten, Juden und Christen.

Zum Schluss wird ausgeführt, wie die Muslime Muhammad gesehen und welche Vorstellung von ihm sie der Nachwelt hinterlassen haben. Dann wird in der Perspektive des Zweiten Vatikanischen Konzils gefragt, wie Christen über Muhammad und seinen prophetischen Anspruch urteilen können, wie weit sie den Muslimen entgegenkommen können, ohne die Treue zu ihrem eigenen Glauben zu brechen.

Gemeinsamkeiten und Unterschiede zeigen sich immer wieder. Aber gerade in der Wahrnehmung und im Erlebnis der Zusammengehörigkeit von Christen und Muslimen in ihrer bislang als unüberwindbar erlebten Glaubensverschiedenheit steckt vielleicht die Chance, dass sie zu einer besseren Verständigung gelangen und gemeinsam nach Möglichkeiten und Modellen des Zusammengehens suchen – hier und überall in der Welt.

Umschrift und Aussprache arabischer Buchstaben

> Explosionslaut
th englisches th (thing)
dj französisches j
kh ch (wie in ach)
dh englisches th (the)
z französisches z
sh sch
ʻ stimmhafter Reibelaut
gh Gaumen-r
w englisches w
y deutsches j

1. Kapitel
Gesellschaftsstruktur und Religionen Arabiens gegen Ende des 6. Jahrhunderts

Muhammad, der Verkünder des Islams, ist in der altarabischen Gesellschaft aufgewachsen. Er stand jahrzehntelang unter dem Einfluss der gesellschaftlichen Ereignisse, der religiösen Strömungen und des kulturellen Austauschs mit den benachbarten Ländern im Süden und im Norden, die die damalige arabische Gesellschaft, ob bei den Nomaden oder bei den Städtern, prägten.

1. Struktur der altarabischen Gesellschaft

Gegen Ende des 6. Jahrhunderts lebten die Menschen in Altarabien als nomadische Stämme in der Wüste oder als Großfamilien in den wenigen Städten, von denen sich einige zu bekannten und gut besuchten Märkten und Handelszentren entwickelt hatten.

Die Großfamilien bzw. die Stämme waren durch ihre Blutsverwandtschaft miteinander stark verbunden. Die Zusammengehörigkeit der Stammesmitglieder erlegte ihnen vielfältige Verpflichtungen gegenüber allen Verwandten auf. Der Stamm war ja die Heimat, die einem jeden Angehörigen Schutz und Förderung zu gewähren hatte.

Fremde konnten eine Verbindung mit einem Stamm durch Zusammenschluss in einer Eidgenossenschaft aufnehmen. Die wichtigste Verpflichtung von Verbündeten war die gegenseitige Unterstützung gegen Feinde.

An der Spitze eines Stammes stand der Häuptling, der als Symbol der Einheit des Stammes galt. Neben dem Häuptling wirkten im Stamm der Dichter, der Redner und der Wahrsager. Die Männer des Stammes traten für die Belange ihres Stammes und ihrer Verbündeten ein. Ihre Hauptaufgabe bestand darin, das Leben des Stammes zu sichern, sein Eigentum zu schützen und seine Rechte durchzusetzen. Es stand ihnen zu, mit dem Häuptling über die Angelegenheiten des Stammes zu beraten und die entsprechenden Entscheidungen zu treffen. Die Leitung des Stammes und die Entscheidungsinstanz im öffentlichen Leben waren also nicht Sache des Häuptlings allein, sondern lagen in der Zuständigkeit der beratenden Versammlung aller Männer des Stammes.

Das wirtschaftliche Leben der Altaraber war vor allem von Not und Unsicherheit bestimmt. Außer den berühmten Märkten und Umschlagplätzen, Handelszentren und Wallfahrtsorten (deren bedeutendster Mekka war, als Umschlagplatz zwischen Syrien im Norden und dem Jemen im Süden) waren Oasen und Weideplätze die wichtigsten Grundlagen des Lebens der Nomadenstämme. Hauptsächlich durch Viehzucht bestritten sie ihren Lebensunterhalt. Sie mussten in den verschiedenen Jahreszeiten ihren Aufenthaltsort wechseln, um ihre Herden zu neuen Weiden zu treiben.

Aber außer in den Oasen fanden die umherziehenden Stämme nicht ausreichend Nahrung für sich und ihr Vieh. Sie waren der ständigen Gefahr ausgesetzt, Opfer der Dürre zu werden und samt ihren Herden zu verhungern. Diese Not konnte so groß sein, dass manchmal arme Familien neugeborene Mädchen aussetzten. Außerdem unternahmen die Krieger der Stämme, um die eigenen Vorräte an Fleisch und Milchprodukten zu vermehren oder wenigstens zu sichern, immer wieder Raubzüge gegen Karawanen oder nicht verwandte bzw. verbündete Nachbarstämme. Diese Form des Kampfes ums Überleben ließ zwar die einen der Gefahr des Verhungerns entrinnen, lieferte aber andere gerade derselben aus.

Dieser Umstand setzte die Menschen in der Wüste vielfältigen Bedrängnissen aus. Außerhalb des gut bewachten Gebiets des eigenen Stammes war ein Araber in der Wüste eine freie Beute für Räuber und Plünderer. Es kam sogar vor, dass er mit seinem Leben die Blutschuld seines Stammes gegen einen anderen Stamm bezahlen musste.

Einen gewissen Schutz boten hier einige allgemein anerkannte Institutionen. Das Asylrecht in einem Heiligtum bzw. Tempel, dessen

Umgebung tabu war, sicherte dem Flüchtling und dem Asylsuchenden Schutz und Unantastbarkeit, solange er sich im heiligen Bezirk aufhielt. Es galt auch der Grundsatz, dass heilige Zeiten respektiert werden müssen. In den sogenannten heiligen Monaten durfte nicht gekämpft oder Blutrache genommen werden. In ihrem Schutz konnten die Mitglieder der Stämme die Gelegenheit wahrnehmen, zu den jährlichen Märkten zu gehen. Auch konnten die Geschäftsleute aus den Städten ihre Handelskarawanen in den Norden oder den Süden schicken, ohne Überfälle und Ausplünderungen befürchten zu müssen.

Schließlich sicherte die Gastfreiheit *(Aman)* dem Reisenden bei einem Stamm bzw. bei einer Familie nicht nur freundliche Aufnahme, Obdach und Nahrung, sondern bedeutete auch Schutz und Bewegungsfreiheit, solange der Gast sich im Gebiet des Stammes befand.

»Vom zufälligen und flüchtigen Besuch erweiterte sich dies Verhältnis zu dauernden Verbindungen. Einzelne Personen oder ganze Familien, die sich aus dem einen oder anderen Grund nicht selber helfen konnten, hatten die Möglichkeit, sich unter den Schutz eines einzelnen Mannes oder eines Geschlechtes zu stellen, falls diese dazu bereit waren, und waren von diesem Augenblick an vor Belästigung sicher. Dieses Verhältnis wurde mit einer feierlichen Zusage vonseiten des Beschützers eingeleitet und erst dann gelöst, wenn der Beschützte ausdrücklich darauf verzichtete, wodurch der andere schuldlos wurde.«[1]

---

[1] F. Buhl, *Das Leben Muhammeds*, S. 37. Die feierliche Zusage des Schutzes konnte ein offen gegebenes Wort, vor allem in der Form des Eides bzw. der Verwünschung, sein.

2. Religiöse Strömungen

Der altarabische Polytheismus

Zur Zeit Muhammads, Ende des 6. und Anfang des 7. Jahrhunderts, verehrten die Araber ihre jeweiligen Götter. Das Heilige manifestierte sich für sie in den Gegenständen und Phänomenen der Natur. Eines ihrer wichtigsten Heiligtümer war die Kaʿba zu Mekka, ein würfelförmiger Bau. In einer seiner Ecken befindet sich der berühmte schwarze Stein, ein Meteorit. Auch heute noch verehren die Muslime diesen Stein, denn sie sehen in ihm das Geschenk Gottes an Abraham und Ismael, welche ja nach der Aussage des Korans die Kaʿba erbaut haben (vgl. Koran 2,127). Die Kaʿba war ein Wallfahrtsort, zu dem die Araber alljährlich pilgerten. Dort wurden auch jährlich Märkte abgehalten. Die Hüter der mekkanischen heiligen Stätten hatten im Pilgerwesen ein einträgliches Geschäft aufgebaut. In der Kaʿba wurden vor allem drei im Koran erwähnte Göttinnen verehrt: die Schicksalsgöttin Manat, die Gewaltige, ʿUzza, und die Göttin schlechthin, Lat (vgl. 53,19–20: »Habt ihr Lat und ʿUzza gesehen, und auch Manat, diese andere, die dritte?«).[2]

An der Spitze der Götter stand ein Höchster Gott, dessen Bezeichnung *Allah* Gott schlechthin bedeutet. Er galt als Schöpfer der Welt und des Menschen: »Und wenn du sie fragst, wer die Himmel und die Erde erschaffen und die Sonne und den Mond dienstbar gemacht hat, sagen sie bestimmt: Gott. Wie leicht lassen sie sich doch abwenden!« (29,61).

Er ist Herr über Leben und Tod, der als Vorsehung seine Geschöpfe versorgt:

– »Sprich: Wem gehört die Erde und wer auf ihr ist, so ihr es wisst? Sie werden sagen: ›Gott.‹ Sprich: Wollt ihr es nicht bedenken? Sprich: Wer ist der Herr der sieben Himmel und der Herr des ma-

---

[2] Die Texte des Korans werden nach meiner Übersetzung zitiert: *Der Koran.* Übersetzung von Adel Theodor Khoury. Unter Mitwirkung von Muhammad Salim Abdullah, Gütersloh [4]2007.

jestätischen Thrones? Sie werden sagen: ›(Alles) gehört Gott.‹ Sprich: Wollt ihr nicht gottesfürchtig sein? Sprich: In wessen Hand ist die Herrschaft über alle Dinge, der Schutz gewährt und gegen den kein Schutz gewährt werden kann, so ihr es wisst? Sie werden sagen: ›(Alles) gehört Gott.‹ Sprich: Wieso seid ihr einem Zauber verfallen?« (23,84–90).

– »Sprich: Wer versorgt euch vom Himmel und von der Erde, oder wer verfügt über Gehör und Augenlicht? Und wer bringt das Lebendige aus dem Toten und bringt das Tote aus dem Lebendigen hervor? Und wer regelt die Angelegenheit? Sie werden sagen: ›Gott.‹ Sprich: Wollt ihr denn nicht gottesfürchtig sein?« (10,31).

Aber wie die Hochgötter anderer Religionen war Allah in weite Ferne entrückt und spielte immer weniger eine Rolle im alltäglichen Leben der Araber. Nur in großer Not wurde er direkt angerufen, so z. B. in Seenot:

– »Wenn sie in ein Schiff einsteigen, rufen sie Gott an, wobei sie Ihm gegenüber aufrichtig in der Religion sind. Kaum hat Er sie ans Land errettet, da gesellen sie (Ihm wieder andere) bei« (29,65).
– »Und wenn Wellen wie überschattende Hüllen sie überdecken, rufen sie zu Gott, wobei sie Ihm gegenüber aufrichtig in der Religion sind. Wenn Er sie ans Land errettet, zeigen nur einige von ihnen einen maßvollen Wandel. Und nur der verleugnet unsere Zeichen, der ganz treulos und sehr undankbar ist« (31,32).
– »Wenn euch auf dem Meer ein Schaden trifft, da irren die, die ihr außer Ihm anruft, (weit) weg. Hat Er euch dann ans Land errettet, wendet ihr euch ab. Der Mensch ist eben undankbar« (17,67).

Zur Bekräftigung besonders wichtiger Eide wurde er direkt angerufen: »Und sie haben bei Gott ihren eifrigsten Eid geschworen, sie würden, wenn ein Warner zu ihnen käme, treuer der Rechtleitung folgen als irgendeine von den Gemeinschaften. Als dann aber ein Warner zu ihnen kam, mehrte es in ihnen nur noch die Abneigung« (35,42).

Die Menschen denken an ihn auch bei Beachtung bestimmter Ta-
bu-Vorschriften und bei den Erstlingsopfern: »Und sie haben für
Gott einen Anteil festgesetzt von dem, was Er an Felderte und Vieh
geschaffen hat. Und sie sagen: ›Dies ist für Gott‹ – so behaupten sie –,
›und dies ist für unsere Teilhaber.‹ Was für ihre Teilhaber bestimmt ist,
gelangt nicht zu Gott, was aber für Gott bestimmt ist, gelangt zu ihren
Teilhabern. Schlecht ist doch ihr Urteil … Und sie sagen: ›Das sind
Tiere und Ernte, die tabu sind. Niemand darf davon essen, außer
dem, wen wir wollen.‹ So behaupten sie« (6,136–138).

Seine Souveränität und absolute Herrschaft kommt in dem Titel
zum Ausdruck, den die Araber ihm gaben: Herr der Ka'ba – »… sollen
sie dem Herrn dieses Hauses dienen« (106,3).

Eine zentrale Gestalt des altarabischen Polytheismus war die des Sehers, *Kahin* genannt. Der Seher besitzt die Fähigkeit, dank enger Verbindung mit seinem Schutzgeist verborgene bzw. zukünftige Ereignisse vorauszusehen und vorherzusagen. Der Schutzgeist ist der Begleiter
des Sehers, er spricht durch ihn und lässt auf verschiedene Weisen seine Einwirkung spüren.

Was der Kahin sieht, verkündet er in kurzen, rhythmischen Sätzen,
die oft sogar einen Reim haben. Oder er gebraucht ein geheimnisvolles
Summen, um die Gegenwart seines Schutzgeistes anzuzeigen. Die
Sprüche des Sehers sind nicht immer eindeutig, denn die Geheimnisse
der Zukunft werden ihm nicht immer deutlich enthüllt; deswegen gebraucht er auch eine mehrdeutige Symbolsprache. Er bekräftigt seine
Sprüche mit ungewöhnlichen Schwüren. Ähnliche Schwüre finden
sich im Koran selbst:

– »Bei denen, die nacheinander wie eine Mähne gesandt werden
und die im Sturm daherstürmen, bei denen, die offen ausbreiten
und die deutlich unterscheiden und die eine Ermahnung überbrin-
gen, als Entschuldigung oder als Warnung!« (77,1–6).
– »Bei denen, die mit Gewalt entreißen, und denen, die mit Leich-
tigkeit herausziehen, und denen, die schnell dahinschwimmen und
allen vorauseilen und die Angelegenheit regeln!« (79,1–5).

–»Bei der Morgenröte und den zehn Nächten, und der geraden und der ungeraden (Zahl), und der Nacht, wenn sie dahingeht« (89,1–4).

–»Bei der Nacht, wenn sie (alles) bedeckt, und dem Tag, wenn er hell scheint, und dem, was den Mann und das Weib erschaffen hat!« (vgl. 93,1–2).

–»Beim Feigenbaum und Ölbaum, und dem Berg Sinai, und diesem sicheren Gebiet!« (95,1–3).

–»Bei denen, die schnaubend laufen, und die Funken stieben lassen, und die am Morgen stürmen und damit Staub aufwirbeln, und dadurch in die Mitte (der Feinde) eindringen!« (100,1–5; vgl. 85,1–3; 86,1; 91,1–8).

Der Seher hat eine wichtige Rolle im Leben des Stammes zu spielen. Er wird vor wichtigen Unternehmungen befragt und soll geheimnisvolle Vorgänge und Träume zu deuten suchen. Auch in Privatangelegenheiten wird er konsultiert. Er fungiert als Schiedsrichter und spricht sein Urteil bei Streitfragen. Sein Urteil wird als eine göttliche Entscheidung betrachtet.

Die Hanifen

Die Hanifen waren selbständige Gottsucher, die sich vom Polytheismus Altarabiens losgesagt und vom Götzendienst abgewandt hatten, um den einen, einzigen Gott zu suchen. Obwohl sie dem Judentum und dem Christentum Achtung entgegenbrachten, fühlten sie sich nicht genötigt, zu einer diesen beiden Religionen überzutreten. Gleich den christlichen Mönchen widmeten sich die Hanifen in der Einsamkeit der Wüste verschiedenen religiösen Übungen.

Muhammad selbst erscheint in seinem Auftreten und in manchen Aussagen seiner Botschaft wie einer dieser Gottsucher, dieser selbständigen Monotheisten. Seine Kontakte zu den Juden und zu den Christen sind im Koran deutlich bezeugt, aber er fand zum Judentum und zum Christentum nie den richtigen Zugang, um sich zu einer der bei-

den monotheistischen Religionen zu bekennen. Er blieb ein selbstän-
diger Monotheist, der seine Sympathien für die beiden anderen Religionen, trotz aller Auseinandersetzungen mit deren jeweiligen Anhängern, nicht zu verbergen suchte, sondern offen zugab. Denn er
bekannte sich zum Vater aller Gläubigen, zu Abraham, den der Koran
den ersten Hanifen nennt (u. a. 3,67; 16,120).

Judentum und Christentum

Das Judentum war auf der arabischen Halbinsel durch Kolonien ver-
treten, die dank ihrer wirtschaftlichen Macht eine immer größere politische Bedeutung besaßen. Sie befanden sich vor allem im Jemen, in
Yathrib (der späteren Stadt Medina) und in Khaybar. Was die ehr-
lichen Gottsucher am Judentum beeindruckte, war dessen strenger
Monotheismus, seine ernste Moral, sein nüchterner Gottesdienst, seine gesetzlichen Bestimmungen. Muhammad selbst erkannte diese Vor-
teile des Judentums und versuchte, sie in seine Botschaft aufzuneh-
men. Der Koran erkennt die Tora an als das Gesetz, das Gott den
Juden durch Mose offenbart und verkündet hat.

Was das Christentum betrifft, so weiß man nicht mit Sicherheit, ob
organisierte christliche Gemeinden in Mekka lebten. Sicher ist aber die
Existenz christlicher Sklaven, Handwerker und Geschäftsleute in Mekka. Es bestanden auch Beziehungen zu den Gemeinden des Jemen im
Süden, zu den christlichen Stämmen des Nordens und zum christlichen Abessinien.

2. Kapitel
Muhammad – Sein Wirken.
Die Etappen seines Lebens

Muhammad, der Verkünder des Islams, war vierzig Jahre alt und ein
vielgereister, erfolgreicher und angesehener Kaufmann, als er tiefe, er-
schütternde Erfahrungen machte, die ihn schließlich dazu führten, als
Prophet aufzutreten und seine Landsleute zur Umkehr und zu einem
konsequent gelebten Glauben aufzurufen. Mit dieser Sendung stand
er, so sein eigenes Selbstverständnis, in Kontinuität mit der langen Geschichte der Propheten, die den Menschen zu verschiedenen Zeiten
und an verschiedenen Orten den Willen Gottes verkündet hatten.

1. Die Berufung Muhammads zum Propheten

Muhammad ist um 570 nach Christus in Mekka/Arabien geboren.
Sein Stamm hieß Quraysh, seine Sippe die Hashimiten, seine Vater
'Abd-Allah. Sein Vater starb früh. Das Kind wuchs, obwohl es in einer
Stadt geboren war, getragen von der Struktur der Stammesgesellschaft
auf und umgeben von den Gebräuchen und Sitten der Stammestradi-
tion Altarabiens. Muhammad wurde in seinen jüngsten Jahren einer
Beduinenamme anvertraut. Als auch seine Mutter starb – der Knabe
war erst sechs Jahre alt –, nahmen sich seiner zuerst sein Großvater,
dann sein Onkel Abu Talib, Vater des späteren Khalifen 'Ali, an.

Die islamische Biographie Muhammads enthält viele Wundererzählungen, die sich auf die Empfängnis, die Geburt, die Kindheit
und das weitere Leben des Propheten beziehen.[1] Wir werden in dieser
Einführung nur einige von ihnen wiedergeben.

---

[1] Siehe dazu T. Andrae, *Die Person Muhammeds in Lehre und Glauben seiner Gemeinde.*

Im Koran (94,1–4) spricht Gott zu Muhammad: »Haben Wir dir nicht die Brust geweitet und dir deine Last abgenommen, die deinen Rücken schwer erdrückte, und dir deinen Ruf erhört?« Die Tradition erzählt dazu Folgendes:

> »Gabriel kam zum Gesandten Gottes, als dieser mit den Kindern spielte. Da nahm ihn Gabriel und legte ihn nieder, er öffnete die Stelle über seinem Herzen, holte es heraus und nahm daraus einen Klumpen. Dann sagte er: Das ist der Anteil des Teufels bei dir. Dann wusch er es in einer goldenen Schale mit dem Wasser von Zamzam.[2] Dann nähte er es zusammen und legte es wieder an seine Stelle. Die Jungen liefen schnell zu seiner Mutter – d. h. seiner Amme (Halima) – und sagten: Muhammad ist getötet worden. Dann empfingen sie ihn; er hatte eine bleiche Gesichtsfarbe. Anas sagte: Ich konnte die Spur dieser Naht auf seiner Brust sehen.« (Nach Anas, bei Muslim)[3]

Der junge Muhammad hütete in der Wüste die Herden; er begleitete auch manchmal seinen Onkel auf der Reise mit den Karawanen nach Syrien. Die islamische Tradition will, dass der zwölfjährige Muhammad auf einer solchen Reise einem christlichen Mönch aufgefallen sei, der auf seinen Schultern die Zeichen seiner späteren prophetischen Sendung feststellte. Hier ist der Bericht über diese Begegnung:

> »Abu Talib[4] befand sich auf einer Reise nach Syrien. Mit ihm war der Prophet unter einigen Notabeln vom Stamm Quraysh. Als sie in der Nähe des Mönchs[5] ankamen, stiegen sie aus und lösten ihre Riemen. Da kam der Mönch zu ihnen heraus. Sie pflegten vorher bei ihm vorbeizufahren, ohne dass er herauskam und ihnen Auf-

---

[2] Das ist der heilige Brunnen in der Nähe des Heiligtums der Ka'ba zu Mekka.
[3] Aus: A. Th. Khoury, *Der Hadith. Quelle der islamischen Tradition*, Bd. I, Gütersloh 2008, Nr. 197.
[4] Das ist der Onkel Muhammads.
[5] Über die Geschichte von der Begegnung mit dem christlichen Mönch Bahira siehe den Beitrag *Bahira* von A. Abel, in *Encyclopaedia of Islam*, 2. Auflage (Leiden/ Niederlande); W. Montgomery Watt, *Muhammad at Mecca*, Oxford 1956, S. 30–39.

merksamkeit schenkte. Der Mönch kam nun, während sie ihre Riemen lösten, und begann zwischen ihren Reihen zu gehen, bis er kam und die Hand des Propheten nahm. Er sagte: Das ist der Herrscher der Weltenbewohner, das ist der Gesandte des Herrn der Weltenbewohner, den Gott als Barmherzigkeit gegenüber den Weltenbewohnern schickt.

Da sagten die Notabeln vom Stamm Quraysh zu ihm: Woher weißt du dies? Er sagte: Als ihr von der Anhöhe herankamt, blieb kein Baum und auch kein Stein, der sich nicht niederwarf, wo sie sich doch nur vor einem Propheten niederwerfen. Und ich kenne ihn am Siegel des Prophetentums am Zipfel seiner Schulter, das so groß wie ein Apfel ist.

Dann kehrte er zurück und bereitete ihnen ein Essen zu. Als er zu ihnen damit zurückkam – der Prophet war bei den Kamelhirten –, sagte er: Schickt zu ihm. Da kam er; über ihm lag eine Wolke, die ihn überschattete. Als er sich den Leuten näherte, fand er, dass sie ihm zum Schatten des Baumes vorausgegangen waren. Als er sich hinsetzte, neigte sich der Schatten des Baumes über ihn herüber. Da sagte der Mönch: Schaut hin zum Schatten des Baumes, er hat sich über ihn hinübergeneigt.

Während er bei ihnen war und sie beschwor, nicht mit ihm zu den Byzantinern zu gehen, da sie, wenn sie ihn sehen, ihn in seiner Eigenschaft erkennen und töten werden, da wandte er sich um, und siehe, da kamen sieben von den Byzantinern. Er empfing sie und sagte: Was hat euch hierher geführt? Sie sagten: Dieser eine Prophet kommt in diesem Monat heraus. Es blieb kein Weg, auf dem man nicht Leute zu ihm geschickt hat. Und es wurde uns über ihn berichtet, so wurden wir auf deinem Weg hergeschickt.

Er sagte: Gibt es hinter euch jemanden, der besser ist als ihr? Sie sagten: Wir haben die Besten für diesen deinen Weg ausgesucht. Er sagte: Was meint ihr, wenn Gott eine Sache erfüllen will, kann jemand von den Menschen es verhindern? Sie sagten: Nein. Er (der Erzähler) sagte: Da haben wir die Treue gelobt und sind bei ihm geblieben. Er (der Mönch) sagte: Ich beschwöre euch bei Gott, wer ist sein Rechtsvertreter? Sie sagten: Abu Talib. Er beschwor ihn so lange, bis Abu Talib ihn zurückschickte. Abu Bakr sandte mit ihm Bilal. Der Mönch gab ihm als Wegzehrung Zwieback und Öl.« (Nach Abu Musa, bei Tirmidhi)[6]

Mit 25 Jahren wurde Muhammad Karawanenführer der reichen Witwe Khadidja, die er auch heiratete. Von den Kindern, die aus dieser Liebesehe entstanden, blieb nur Fatima am Leben, die als Frau 'Alis zur Stammesmutter der Nachkommen Muhammads wurde und damit eine besondere Stellung vor allem im Schiismus einnimmt. Der Koran bewertet die Heirat mit Khadidja als einen göttlichen Gnadenerweis für Muhammad: »Und wahrlich, dein Herr wird dir geben, und du wirst zufrieden sein. Hat Er dich nicht als Waise gefunden und dir Unterkunft besorgt, und dich abgeirrt gefunden und rechtgeleitet und bedürftig gefunden und reich gemacht?« (93,8).

Als etablierter reicher Kaufmann gewann nun Muhammad an Ansehen und Einfluss in der mekkanischen Gesellschaft.

Als er 40 Jahre alt war, begann er, sich nach dem Sinn des Lebens in einer verfallenen Gesellschaft zu fragen, die den Armen keine Beachtung schenkte, sie gar ungerecht behandelte und bedenkenlos unterdrückte, und die sich frohen Herzens der Befriedigung ihrer Gelüste hingab. Nach dem Muster der christlichen Einsiedler, die er auf seinen Geschäftsreisen traf, und nach dem Vorbild der einsamen Gottsucher, die es in seiner Umgebung gab, zog sich Muhammad immer wieder in die Einsamkeit zurück. In einer Höhle am Lichtberg in der Nähe von Mekka widerfuhr ihm das, was der Koran und die islamische Tradition als seine Berufung zum Propheten interpretieren. Muhammad wurde in einer Schlafvision von einem Engel (Gabriel) aufgefordert zu lesen, d. h. die Botschaft Gottes an die Menschen öffentlich vorzutragen. Darüber lesen wir in der Tradition folgenden Bericht:

---

[6] Aus: A. Th. Khoury, *Der Hadith*, Bd. I, Nr. 221.

»Das Erste, womit es beim Gesandten Gottes mit der Offenbarung begann, waren die guten Visionen im Schlaf. Er sah keine Vision, ohne dass sie wie das Licht des Morgens eintraf. Dann wurde ihm die Einsamkeit lieb gemacht. Er pflegte sich in die Höhle Hira' zurückzuziehen und darin geistliche Übungen in zahlreichen Nächten zu verrichten, bevor er zu seinen Angehörigen zurückkam und sich Vorrat dafür besorgte. Dann kehrte er zu Khadidja[7] zurück und besorgte den Vorrat für eine ähnliche Zeit. Dies, bis die Wahrheit zu ihm kam, als er sich in der Höhle Hira' befand.

Da kam der Engel zu ihm und sagte: Lies!

Ich[8] sagte: Ich lese nicht.[9]

Da nahm er mich und drückte mich, so dass ich in Not geriet. Dann ließ er mich los.

Da sagte er: Lies!

Ich sagte: Ich lese nicht.

Da nahm er mich und drückte mich zum zweiten Mal, so dass ich in Not geriet. Dann ließ er mich los.

Da sagte er: Lies!

Ich sagte: Ich lese nicht.

Da nahm er mich und drückte mich zum dritten Mal, dann ließ er mich los.

Da sagte er: Lies im Namen deines Herrn, der erschaffen hat, den Menschen erschaffen hat aus einem Embryo. Lies. Dein Herr ist der Edelmütigste (Koran 96,1–3).

Der Prophet kam damit zu Khadidja zurück. Sein Herz bebte. Er trat zu Khadidja bint Khuwaylid ein und sagte: Hüllt mich ein, hüllt mich ein. Sie hüllten ihn ein,[10] bis die Angst von ihm wich.

Da sagte er zu Khadidja und erzählte ihr, was geschah: Ich habe für mein Leben Angst gehabt.

Da sagte Khadidja: Aber nein. Bei Gott, niemals wird Gott dich zu-

---

[7] Das ist seine Frau.
[8] Hier folgt die Erzählung von Muhammad selbst.
[9] Oder: Ich kann nicht lesen.
[10] Vgl. Koran 73,1.

schanden machen. Du bindest die Verwandtschaftsbande, trägst den Schwachen, bringst das, was fehlt, herbei, empfängst den Gast, hilfst bei den Schwierigkeiten der Wahrheit.

Khadidja machte sich mit ihm auf und ging zu Waraqa ibn Naufal ibn Asad ibn 'Abd al-'Uzza, dem Vetter Khadidjas. Er war jemand, der in der Zeit der Unwissenheit Christ geworden ist. Er konnte die hebräische Schrift schreiben, so schrieb er auf Hebräisch das vom Evangelium, was Gott wollte, dass er schrieb. Er war ein sehr betagter erblindeter Mann.

Da sagte Khadidja zu ihm: Vetter, höre, was der Sohn deines Bruders zu erzählen hat.

Waraqa sagte zu ihm: Du Sohn meines Bruders, was meinst du?

Da erzählte ihm der Gesandte Gottes, was er gesehen hatte.

Da sagte Waraqa zu ihm: Das ist das Gesetz, das Gott über Mose herabgesandt hat. Wäre ich nur ein junger Mann bei der Angelegenheit, wäre ich nur lebendig, wenn deine Leute dich hinauswerfen!

Da sagte der Gesandte Gottes: Werden sie mich wirklich hinauswerfen?

Er sagte: Ja. Niemals ist ein Mann mit dem gekommen, mit dem du gekommen bist, ohne dass er angefeindet wurde. Wenn dein Tag mich noch erreicht, werde ich dich sehr stark unterstützen.

Es dauerte nicht lange, da starb Waraqa. Und die Offenbarung wurde unterbrochen.«

(Nach 'A'isha, bei Bukhari, Muslim, Tirmidhi)[11]

Muhammad litt sehr unter der Ungewissheit; er suchte eine göttliche Bestätigung seines Erlebnisses bzw. eine autorisierte Deutung der Ereignisse. Es war für ihn eine Zeit voller Angst und Qual. Muhammad irrte umher und war in seinen Gedanken und seinen Gefühlen so versunken, dass ihm schwerste Versuchungen bis hin zu Selbstmordgedanken nicht erspart blieben. Dann aber hatte er folgendes Erlebnis:

---

[11] Aus: A. Th. Khoury, *Der Hadith*, Bd. I, Nr. 228.

»Während ich auf dem Wege war, hörte ich plötzlich vom Himmel
her eine Stimme; ich schaute empor, und da war wieder der Engel,
der damals bei Hira' zu mir gekommen war. Er saß auf einem
Thron zwischen Himmel und Erde. Erschrocken eilte ich heim
und rief: Deckt mich zu! (weil ihn nämlich infolge des Schreckens
das Fieber befallen hatte). Da offenbarte Gott die Worte: ›Der du
dich zugedeckt hast, steh auf und warne, und preise die Größe deines Herrn, und reinige deine Kleider, und entferne dich von der
Unreinheit (des Götzendienstes)‹« (74,1–5).

Auch die Sure 93 wird mit der Unterbrechung der Offenbarung in Verbindung gebracht: Die ungläubigen Qurayshiten verhöhnten schaden-
froh den Propheten, er sei von »seinem Herrn« verlassen worden. Da
offenbarte Gott die Sure 93, um dieses Spottwort der Qurayshiten zu
widerlegen:[12] »Beim Morgen und der Nacht, wenn sie still ist! Dein
Herr hat dir nicht den Abschied gegeben und hasst (dich) nicht.
Wahrlich, das Jenseits ist besser für dich als das Diesseits. Und wahrlich, dein Herr wird dir geben, und du wirst zufrieden sein (93,1–5).«
    Nach der Bestätigung seiner Berufung erhielt Muhammad regel-
mäßig die Offenbarungen, die er den Menschen verkündete.

2. Wie wurde die Offenbarung übermittelt?

Nach dem Koran brachte ein himmlischer Bote dem Propheten die Botschaft Gottes. Es ging dabei nicht um eine innere Vision, sondern um
eine sinnenfällige Erscheinung. Er hat ihn gesehen, betont der Koran:

»Beim Stern, wenn er fällt! Euer Gefährte geht nicht irre und ist
nicht einem Irrtum erlegen, und er redet nicht aus eigener Neigung. Es ist nichts anderes als eine Offenbarung, die offenbart wird.
Belehrt hat ihn einer, der starke Kräfte hat, der Macht besitzt. Er

---

[12] Vgl. Stieglecker, Die Glaubenslehren des Islam, S. 360.

stand aufrecht da, am obersten Horizont. Dann kam er näher und stieg nach unten, so dass er (nur) zwei Bogenlängen entfernt war oder noch näher. Da offenbarte Er seinem Diener, was Er offenbarte. Sein Herz hat nicht gelogen, was er sah. Wollt ihr denn mit ihm streiten über das, was er sieht?« (53,1–12).
– »Das ist die Rede eines edlen Gesandten (Gabriel) … Euer Gefährte ist kein Besessener. Er hat ihn gewiss am deutlichen Horizont gesehen …« (81,19.22–23).

Bei dieser Erscheinung erlitt Muhammad einen ekstaseähnlichen Anfall mit Schweißausbrüchen, so dass er sich in sein Gewand hüllen ließ (74,1). Auch später im Laufe seiner Verkündigung hatte er beim Eintreffen der Offenbarung psychische Erlebnisse, die ihn schwer belasteten. Seine Lieblingsfrau 'A'isha berichtet: »Ich sah einmal, wie die Offenbarung an einem sehr kalten Tage über den Gesandten Gottes kam. Als sie vorüber war, triefte seine Stirn von Schweiß.« Muhammad selbst habe sich dazu geäußert: »Ich höre ein Getöse, und bei diesem Getöse werde ich vom Schlage getroffen. Niemals kommt die Offenbarung zu mir, ohne dass ich glaube, meine Seele würde von mir genommen.«[13]
Auch der arabische Geschichtsschreiber Ibn Sa'd sagt:

»Wenn er eine Offenbarung empfing, empfand er Schmerzen, und sein Gesicht verfärbte sich. Es wird auch erzählt, dass er durch diese geheimnisvolle Macht zu Boden geworfen wurde und eine Zeit lang wie ein Betrunkener dalag. Einmal empfing er eine Offenbarung, während er auf einem Kamel ritt; das Tier schrie dabei und spreizte die Vorderbeine so weit auseinander, dass es schien, sie müssten brechen. Einmal kniete es nieder, dann stand es wieder auf und stand mit steifen Beinen, bis das schwere Gewicht der Offenbarung vom Propheten wieder weg war, und der Schweiß tropfte von der Stirn Muhammads. Aber nicht bloß während eines Rittes, sondern auch beim Essen oder auf der Kanzel überraschte ihn die göttliche

---

[13] Zitiert bei T. Andrae, *Muhammed. Sein Leben und sein Glauben*, S. 39–40.

Eingebung. Sie stellte sich auch nicht selten ein, wenn jemand den Propheten um einen Entscheid in einer religiösen Frage anging. Da versank er dann anscheinend in schweigendes Nachdenken, und dabei kam die Offenbarung mit den eben geschilderten Begleiterscheinungen über ihn. Nachdem er sich von diesem Zustand erholt hatte, gab er dem Fragesteller der empfangenen Offenbarung gemäß die erbetene Auskunft.«[14]

Die Wirkung der Offenbarung wird auch in folgendem Koranvers eindrucksvoll beschrieben: »Hätten Wir diesen Koran auf einen Berg hinabgesandt, du hättest gesehen, wie er aus Furcht vor Gott demütig innehält und sich spaltet« (59,21).

Im Laufe der Zeit wurde die Offenbarung weniger in Form von Visionen als von Auditionen übermittelt. Der Inhalt der Botschaft wurde ihm diktiert, so dass seine Zunge sich entsprechend bewegte. Dies deutet vielleicht folgende Koranstelle an: »Bewege deine Zunge nicht damit, um dich damit zu übereilen. Uns obliegt es, ihn zusammenzustellen und ihn vorzulesen. Und (erst) wenn Wir ihn vorgelesen haben, dann folge du der Art, ihn vorzulesen« (75,16–18).

Muhammad selbst habe nach Ibn Sa‘d folgende Mitteilung gemacht: »Die Offenbarung kommt in zweierlei Weise zu mir: Gabriel besucht mich und teilt sie mir mit, wie ein Mann zum anderen redet, aber was er redet, verschwindet mir dann. Oder es kommt zu mir mit einem Getöse wie von einer Glocke, so dass mein Herz verwirrt wird. Was mir so offenbart wird, verschwindet mir nicht.«[15]

Im Koran spricht Gott zum Propheten: »Wir werden dich lesen lassen, und du wirst nichts vergessen, außer dem, was Gott will. Er weiß, was offenliegt und was verborgen bleibt« (87,6–7).

Die islamische Tradition will, dass Muhammad außer in der vorher beschriebenen Weise, die Offenbarung zu erhalten, noch ein außerordentliches Erlebnis hatte, in dem er mit Gott direkt sprechen konn-

---

[14] Zitiert bei H. Stieglecker, *Die Glaubenslehren des Islam,* Nr. 643, S. 361.
[15] Vgl. T. Andrae, *Mohammed. Sein Leben und sein Glauben,* S. 39–40.

te, und zwar im Laufe einer Himmelsreise. Diese Himmelsreise (*miʿradj*), so die islamische Überlieferung, schloss sich an die Nachtreise (*israʾ*) an, die den Propheten nach Jerusalem führte, wie der Koran bestätigt: »Preis sei dem, der seinen Diener bei Nacht von der heiligen Moschee zur fernsten Moschee, die Wir ringsum gesegnet haben, reisen ließ, damit Wir ihm etwas von unseren Zeichen zeigen. Er ist der, der alles hört und sieht« (17,1).

Einen Hinweis auf die Himmelsreise finden die islamischen Kommentatoren im Koran (53,13–18). Was der Prophet da erlebte, hat er selbst erzählt, wie es die Tradition überliefert:

»Während ich in der Nähe des Hauses (Kaʿba) zwischen schlafend und wach war – und er erwähnte: zwischen den beiden Männern[16] –, wurde mir eine Schüssel aus Gold gebracht, voll Weisheit und Glauben. Da wurde (mir) die Brust geschnitten bis zum Weichteil des Bauches. Dann wurde der Bauch gewaschen mit dem Wasser von Zamzam,[17] und dann wurde er gefüllt mit Weisheit und Glauben.[18] Und es wurde mir ein weißes Reittier gebracht, kleiner als ein Maulesel und größer als ein Pferd, der Buraq. So ritt ich mit Gabriel los, bis wir den untersten Himmel erreicht haben.

Es wurde gesagt: Wer ist das?

Er sagte: Gabriel.

Es wurde gesagt: Wer ist mir dir?

Er sagte: Muhammad.

Es wurde gesagt: Hat er eine Sendung erhalten?

Er sagte: Ja.

Es wurde gesagt: Er ist willkommen. Glücklich ist die Reise, die er unternommen hat.

---

[16] Er lag zwischen seinem Onkel Ḥamza und seinem Vetter Djaʿfar.

[17] Das ist der heilige Brunnen von Mekka.

[18] Nach islamischer Tradition ist das hier die vierte Öffnung der Brust, der Muhammad unterzogen wurde. Das erste Mal geschah es, als sich der Knabe noch unter der Obhut der Amme Halima al-Saʿdiyya befand (siehe oben, am Anfang des Kapitels), dann beim Erreichen des Erwachsenenalters, und dann bei der prophetischen Sendung.

Ich kam nun zu Adam, begrüßte ihn.
Da sagte er: Willkommen bist du als Sohn und Prophet.

(*In einer anderen Version:* Als wir den untersten Himmel unter uns ließen, da war ein Mann, an dessen Rechter Menschen und an dessen Linker Menschen waren. Wenn er zu seiner Rechten hinschaute, lachte er, und wenn er zu seiner Linken hinschaute, weinte er. Da sagte er: Willkommen bist du als guter Prophet und guter Sohn. Ich sagte: Wer ist dieser, o Gabriel? Er sagte: Das ist Adam, und diese Menschen zu seiner Rechten und zu seiner Linken sind die Geister seiner Kinder. Die von der rechten Seite unter ihnen sind die Bewohner des Paradieses, und die von der linken Seite die Bewohner des Feuers. Wenn er nun in Richtung seiner Rechten hinschaut, lacht er, und wenn er in Richtung seiner Linken hinschaut, weint er.)

Wir kamen zum zweiten Himmel. Es wurde gesagt: Wer ist das?
Er sagte: Gabriel.
Es wurde gesagt: Wer ist mit dir?
Er sagte: Muhammad.
Es wurde gesagt: Hat er eine Sendung erhalten?
Er sagte: Ja.
Es wurde gesagt: Er ist willkommen. Glücklich ist die Reise, die er unternommen hat.
Ich kam nun zu 'Isa (*Jesus*) und Yahyā (*Johannes dem Täufer*).
Sie sagten: Willkommen bist du als Bruder und Prophet.

Wir kamen zum dritten Himmel. Es wurde gesagt: Wer ist das?
Es wurde gesagt: Gabriel.
Es wurde gesagt: Wer ist mit dir?
Es wurde gesagt: Muhammad.
Es wurde gesagt: Hat er eine Sendung erhalten?
Er sagte: Ja.
Es wurde gesagt: Willkommen ist er. Glücklich ist die Reise, die er unternommen hat.

Ich kam zu Josef[19] und begrüßte ihn.
Da sagte er: Willkommen bist du als Bruder und Prophet.

Wir kamen zum vierten Himmel. Es wurde gesagt: Wer ist das?
Es wurde gesagt: Gabriel.
Es wurde gesagt: Wer ist mit dir?
Es wurde gesagt: Muhammad.
Es wurde gesagt: Hat er eine Sendung erhalten?
Es wurde gesagt: Ja.
Es wurde gesagt: Willkommen ist er. Glücklich ist die Reise, die er unternommen hat.
Ich kam zu Idris[20] und begrüßte ihn.
Da sagte er: Willkommen bist du als Bruder und Prophet.

Wir kamen zum fünften Himmel. Es wurde gesagt: Wer ist das?
Es wurde gesagt: Gabriel.
Es wurde gesagt: Wer ist mit dir?
Es wurde gesagt: Muhammad.
Es wurde gesagt: Hat er eine Sendung erhalten?
Es wurde gesagt: Ja.
Es wurde gesagt: Willkommen ist er. Glücklich ist die Reise, die er unternommen hat.
Wir kamen zu Aaron, und ich begrüßte ihn.
Da sagte er: Willkommen bist du als Bruder und Prophet.

Wir kamen zum sechsten Himmel. Es wurde gesagt: Wer ist das?
Es wurde gesagt: Gabriel.
Es wurde gesagt: Wer ist mit dir?
Es wurde gesagt: Muhammad.
Es wurde gesagt: Hat er eine Sendung erhalten? Willkommen ist er.
Glücklich ist die Reise, die er unternommen hat.
Ich kam zu Mose und begrüßte ihn.

---

[19] Das ist Josef, der Sohn Jakobs, dessen Geschichte im Koran, Sure 12, erzählt wird.
[20] Idris wird im Koran erwähnt: 19,56–57; 21,85. Die muslimischen Kommentatoren identifizieren ihn mit dem Henoch der Bibel: vgl. Genesis 5,18.21–24.

Da sagte er: Willkommen bist du als Bruder und Prophet.
Als ich von ihm weiterging, weinte er. Es wurde gesagt: Was hat ihn
weinen lassen? Er sagte: O Herr, dieser Junge, der nach mir gesandt
wurde, von seiner Gemeinschaft werden viel mehr ins Paradies gelangen als aus meiner Gemeinschaft.

Wir kamen zum siebten Himmel. Es wurde gesagt: Wer ist das?
Es wurde gesagt: Gabriel.
Es wurde gesagt: Wer ist mit dir?
Es wurde gesagt: Muhammad.
Es wurde gesagt: Hat er eine Sendung erhalten? Willkommen ist er.
Glücklich ist die Reise, die er unternommen hat.
Ich kam zu Abraham und begrüßte ihn.
Da sagte er: Willkommen bist du als Sohn und Prophet.
Da wurde mir das vollbesetzte Haus enthüllt. Da fragte ich Gabriel.
Er sagte: Im vollbesetzten Haus beten jeden Tag siebzigtausend En-
gel. Wenn sie es verlassen, kehren sie nicht zu ihm zurück; das ist
das Letzte, was ihnen vorgeschrieben ist.
Und da wurde mir der Zizyphusbaum am Ende des Weges[21] ent-
hüllt. Seine Früchte sind wie die Riesenbehälter von Hadjar,[22] seine
Blätter sind gleich den Ohren der Elefanten. Unten an seinem
Stamm sind vier Flüsse, zwei Flüsse sind unter dem Boden und
zwei Flüsse sind sichtbar. Ich fragte Gabriel (danach).
Er sagte: Die zwei unter dem Boden sind im Paradies. Die zwei
sichtbaren sind der Nil und der Euphrat.

In einer anderen Version: Dann wurde ich weitergeführt, bis ich auf
eine Ebene gelangte, bei der ich das Kritzeln der Schreibrohre hörte.[23] Dann wurden mir fünfzig Gebete auferlegt. Ich ging weiter, bis
ich Mose traf.

---

[21] Einen Hinweis auf diesen Baum des Paradieses gibt es im Koran 53,14–16.
[22] Hadjar ist eine in Altarabien bekannte Ortschaft.
[23] Mit ihnen werden die Schicksale der Menschen festgelegt.

Er sagte: Was hast du gemacht?

Ich sagte: Mir wurden fünfzig Gebete auferlegt.

Er sagte: Ich kenne die Menschen besser als du. Ich hatte mit den Kindern Israels den schwierigsten Umgang. Deine Gemeinschaft vermag dies nicht. Geh zu deinem Herrn zurück und bitte ihn um Erleichterung.

Ich ging also zurück und bat ihn darum. Er legte sie auf vierzig (Gebete) fest.

Dann geschah das Gleiche, und es wurden dreißig. Dann geschah das Gleiche, und es wurden zwanzig. Dann geschah das Gleiche, und es wurden zehn. Ich kam zu Mose. Er sagte das Gleiche, und er *(Gott)* legte sie auf fünf fest.

Ich kam zu Mose. Er sagte: Was hast du gemacht?

Ich sagte: Er hat sie auf fünf festgelegt.

Da sprach er das Gleiche.

Ich sagte: Ich nehme es als etwas Gutes an.

Da wurde gerufen: Ich habe meine Pflicht erfüllt, und ich habe meinen Dienern Erleichterung gewährt, und ich entlohne die gute Tat zehnfach.«

(Nach Malik ibn Sa'sa'a, bei Bukhari, Muslim)[24]

3. Auftreten und Predigt

Muhammad trat 610 in Mekka auf und begann, im Namen Gottes seine Landsleute zu ermahnen und vor dem bald hereinbrechenden Zorn und Gericht Gottes zu warnen: Gott ist der einzige Schöpfer der Welt und der einzige Richter der Menschen. Er allein hat Macht über Leben und Tod, und er allein wird das endgültige Urteil fällen. An jenem Tag

---

[24] Aus: A. Th. Khoury, *Der Hadith,* Bd. I, Nr. 235. – Eine Zusammenfassung der Angaben der islamischen Tradition über die Himmelsreise Muhammads findet man bei Tor Andrae, *Die Person Muhammeds in Lehre und Glauben seiner Gemeinde,* S. 39 – 46; 68 – 85.

wird niemand die Möglichkeit haben, sich zu entschuldigen oder die Fürsprache irgendeines Freundes zu erhoffen. Die Menschen sollen nun umkehren und sich bemühen, Gott zu gefallen; sie sollen ihr verkehrtes Verhalten ablegen und sich nicht mehr auf ihren Besitz und ihren Reichtum verlassen, sondern das Antlitz Gottes, des Schöpfers und Richters, suchen. Unehrlichkeit und Gier, Betrug und Rücksichtslosigkeit sollen nicht mehr das Geschäftsleben beherrschen. Die Armen sollen nicht mehr unterdrückt und ausgebeutet werden. Diebstahl und Mord, Trunkenheit und vielerlei andere Laster sollen nicht mehr die Gesellschaft verseuchen.

Wie die christlichen Mönche und Prediger betonte Muhammad, dass diese Welt nur eine Etappe ist, nicht die endgültige Wohnstatt des Menschen. Alles ist vergänglich und dem Gericht verfallen. Die einzige wahre Realität ist die der kommenden Welt. Aber die blinden Menschen ziehen das Diesseits vor. Und gerade diese Blindheit für das Wesentliche und das Dauerhafte, für das eigentlich Wirkliche, ist der Ausdruck der religiösen Gleichgültigkeit der Menschen, einfach der Ausdruck ihres Unglaubens. Denn solange sie so leben, als wären Gott und sein Gericht weit weg von ihrem Alltag, kümmern sie sich nicht um ihn und suchen nicht, seinen Willen zu erkennen und seine Gebote zu halten.

Neben dem Hinweis auf das nahe Gericht und dem Aufruf zur Besserung des Lebenswandels und zur Beseitigung der Ungerechtigkeit in der Gesellschaft legte die Botschaft Muhammads den Akzent auf den Glauben an den einen, einzigen Gott.

Den Polytheisten hält der Koran vor, dass ihre vermeintlichen Götter doch nichts von dem vollbringen können, was Gott tut: erschaffen, die Schöpfung erneuern, den Lebensunterhalt bescheren, den Menschen helfen, überhaupt irgendetwas ausrichten:

»Sprich: Lob sei Gott! Und Friede sei über seinen Dienern, die Er sich erwählt hat! Ist Gott besser oder das, was sie (Ihm) beigesellen? Oder wer hat die Himmel und die Erde erschaffen und euch vom Himmel Wasser herabkommen lassen? Dadurch haben Wir Gärten wachsen lassen, die Freude bereiten. Ihr hättet unmöglich deren Bäume wachsen lassen können. Gibt es denn einen (anderen) Gott neben Gott? Nein, ihr seid ja Leute, die (Gott andere) gleichsetzen. Oder wer hat die Erde zu einem festen Grund gemacht und Flüsse durch sie gemacht und auf ihr festgegründete Berge gemacht und zwischen den beiden Meeren eine Schranke gemacht? Gibt es denn einen (anderen) Gott neben Gott? Nein, die meisten von ihnen wissen nicht Bescheid. Oder wer erhört den Bedrängten, wenn er zu Ihm ruft, und behebt das Böse und macht euch zu Nachfolgern auf der Erde? Gibt es denn einen (anderen) Gott neben Gott? Aber ihr bedenkt es wenig. Oder wer führt euch in den Finsternissen des Festlandes und des Meeres (den rechten Weg)? Und wer schickt seiner Barmherzigkeit die Winde als frohe Botschaft voraus? Gibt es denn einen (anderen) Gott neben Gott? Erhaben ist Gott über das, was sie (Ihm) beigesellen. Und wer macht die Schöpfung am Anfang und wiederholt sie? Und wer versorgt euch vom Himmel und von der Erde? Gibt es denn einen (anderen) Gott neben Gott? Sprich: Bringt her euren Beweis, so ihr die Wahrheit sagt« (27,59–64).

Gott ist auf keinen angewiesen; er braucht sich nicht ein Kind zuzulegen, er besitzt die gesamte Schöpfung: »Sie sagen: ›Gott hat sich ein Kind genommen.‹ Preis sei Ihm! Er ist auf niemanden angewiesen. Ihm gehört, was in den Himmeln und was auf der Erde ist. Ihr habt dafür keine Ermächtigung. Wollt ihr denn über Gott sagen, was ihr nicht wisst?« (10,68). Er hat keine Gefährtin gehabt: »Und erhaben ist die Majestät unseres Herrn. Er hat sich weder eine Gefährtin noch ein Kind genommen« (72,3).

»Der Schöpfer der Himmel und der Erde, woher soll Er ein Kind haben, wo Er doch keine Gefährtin hat und Er (sonst) alles erschaffen hat? Und Er weiß über alle Dinge Bescheid« (6,101); und es besteht keine Verwandtschaft zwischen ihm und den Engeln. Wenn er etwas erschafft, so tut er es nicht durch Zeugung, sondern durch sein schöpferisches Wort: »Es steht Gott nicht an, sich ein Kind zu nehmen. Preis sei Ihm! Wenn Er eine Sache beschlossen hat, sagt Er zu ihr: Sei!, und

sie ist« (19,35). Die Vorstellung, dass neben Gott andere Götter exis-
tieren, ist endlich auch deswegen unhaltbar, weil sie zu Widersprüchen
führt. Die Nebengötter würden nach der Macht und der Herrschaft
Gottes trachten: »Sprich: Gäbe es neben Ihm noch (andere) Götter,
wie sie sagen, dann würden sie nach einem Weg suchen, zum Herrn
des Thrones zu gelangen« (17,42).

»Und es gibt keinen Gott neben Ihm, sonst würde jeder Gott das
wegnehmen, was Er geschaffen hat, und die einen von ihnen würden
sich den anderen gegenüber überheblich zeigen. Preis sei Gott, (der
erhaben ist) über das, was sie da schildern!« (23,91). Diese Konkurrenz
bringt nur Verderben über die Schöpfung: »Gäbe es in ihnen beiden
(Himmel und Erde) andere Götter als Gott, würden sie (beide) verderben. Preis sei Gott, dem Herrn des Thrones! (Er ist erhaben) über das,
was sie schildern« (21,22).

4. Widerstand der Mekkaner

Die Predigt des neuen Propheten und seine beunruhigenden Appelle
gefielen den Mekkanern nicht. Denn er wandte sich gegen die traditio-
nelle Religion der Stadt und des ganzen Landes und bedrohte direkt den
polytheistischen Kult, der sich um ihr Heiligtum, die Ka'ba, konzen-
trierte und ihnen reiche Erträge einbrachte. Die neue Botschaft begüns-
tigte die unteren Schichten der Gesellschaft und stellte somit subversiv
die bestehende soziale Ordnung in Frage. Die Mekkaner forderten Muhammad auf, von seiner Predigt abzulassen. Sie führten mit ihm heftige
Auseinandersetzungen, bestritten seine Berechtigung zu solcher Verkündigung und verneinten die Echtheit seiner göttlichen Sendung.

Das Auftreten Muhammads

Die ungläubigen Mekkaner warfen Muhammad vor, er trete wie ein
Zauberer auf, seine Anfälle erinnerten an die Trancen der inspirierten,
d. h. besessenen Dichter und Wahrsager. Muhammad seinerseits be-

kräftigte, dass es Gott sei, der ihm die Botschaft übermittelt und den Auftrag erteilt habe, den Koran zu verkünden.

– Er ist kein Wahrsager *(Kahin)*: »Ermahne nun; du bist dank der Gnade deines Herrn weder ein Wahrsager noch ein Besessener« (52,29; vgl. 69,40.42–43).

– Er ist kein Dichter, der unter der Inspiration seines Schutzgeistes steht, wie es die Ungläubigen behaupten (52,30; 69,41; 21,5). »Aber nein, er ist mit der Wahrheit gekommen und hat die Gesandten bestätigt« (37,37). »Und Wir haben ihn nicht das Dichten gelehrt, und es ziemt ihm nicht. Das ist doch nur eine Ermahnung und ein deutlicher Koran, damit er diejenigen warne, die (da) leben, und der Spruch fällig werde gegen die Ungläubigen« (36,69–70).

– Muhammad ist kein Zauberer, wie die Ungläubigen angesichts der Zeichen der göttlichen Bestätigung der Sendung Muhammads wiederholen (vgl. 6,7; 10,2; 11,7; 21,2–3; 34,43; 37,14–15; 38,4; 43,30; 46,7; 51,52; 52,15; 54,2; 74,24).

– Muhammad ist auch kein Mensch, der »einem Zauber verfallen ist«, wie die ungerechten Polytheisten behaupten (25,8; 17,47). Er steht nicht unter dem Einfluss und nicht im Besitz des Djinn, er ist kein Besessener, er ist also nicht wahnsinnig in seinem Anspruch und in seinem Auftreten (81,22; 52,29; 68,2.51; 37,36; 23,70; 34,8). Und sie sagen: »O du, auf den die Ermahnung herabgesandt worden sein soll, du bist ja besessen« (15,6; vgl. 44,14). Der Koran betont dagegen die Echtheit der Berufungsvision Muhammads. Er hat den himmlischen Boten gesehen (81,23; 53,2–3.11–12.17–18). Der Koran ist nicht Werk irgendwelcher Geister, sondern die Botschaft Gottes an die Menschen (15,9; 68,52; 34,46; 7,184). »Oder sagen sie: Er leidet an Besessenheit? Nein, er kam zu ihnen mit der Wahrheit, aber die meisten von ihnen verabscheuten die Wahrheit. Würde die Wahrheit ihren Neigungen folgen, verderben würden die Himmel und die Erde, und wer in ihnen ist. Nein, Wir kamen zu ihnen mit der Ermahnung, sie aber wenden sich von ihrer Ermahnung ab« (23,70–71).

Aber dieser Widerstand und dieser Vorwurf sind nicht neu. Jeder Prophet wurde damit konfrontiert, die Menschen haben mit ihm ihren Spott getrieben. »So ist auch zu denen, die vor ihnen lebten, kein Gesandter gekommen, ohne dass sie gesagt hätten: ›Ein Zauberer oder ein Besessener‹« (51,52; vgl. 15,11).

So weist der Koran den Vorwurf entschieden zurück, indem er dem Muhammad beteuert: »Du bist dank der Gnade deines Herrn kein Besessener« (68,2; vgl. 52,29).

– Muhammad steht nicht unter der Einwirkung des Teufels, und was er vorträgt, »das ist nicht die Rede eines gesteinigten Satans« (81,25). Denn der Satan gibt den Lügnern seine Eingebungen (26,222). Gott ist die Zuflucht seines Gesandten gegen die Verführungen des Teufels (7,200). So kann der Satan nicht der Ursprung und nicht der Träger der koranischen Offenbarung sein: »Nicht die Satane sind mit ihm herabgestiegen; es ziemt ihnen nicht, und sie vermögen es nicht. Sie sind vom Hören ausgeschlossen« (26,210–212).

Der Koran schließt diese ganze Auseinandersetzung mit der Bemerkung: »Und wahrlich, es ist ein Grund zum Bedauern für die Ungläubigen. Und wahrlich, es ist die Wahrheit, die gewiss ist. So preise den Namen deines Herrn, des Majestätischen« (69,50–52).

Der Koran ist nicht Menschenwort

Für die ungläubigen Mekkaner steht fest, dass die Botschaft des Korans nicht Gotteswort, sondern nur Menschenwort sei (vgl. 74,25). Der Koran stellt in einem Text verschiedene Einzeleinwände zusammen: »Und diejenigen, die ungläubig sind, sagen: Das ist ja nichts als Lüge, die er erdichtet hat und bei der andere Leute ihm geholfen haben. Sie begehen da Ungerechtigkeit und Falschaussage. Und sie sagen: Es sind die Fabeln der Früheren, die er sich aufgeschrieben hat. Sie werden ihm doch morgens und abends diktiert. Sprich: Herabgesandt hat ihn der, der weiß, was in den Himmeln und auf der Erde geheim ist. Er ist voller Vergebung und barmherzig« (25,4–6).

Die Einwände der Ungläubigen haben nach dem Koran keine Grundlage. Aber die Unwissenheit der Ungläubigen in Bezug auf Offenbarung (vgl. 52,33.38.41) und prophetische Verkündigung (vgl. 38,7; 34,44) erklärt, warum sie nicht begreifen, dass der Koran nicht erdichtet werden kann, denn nur Gott kann ihn offenbaren (10,37).

Außerdem fordert Muhammad die Ungläubigen heraus, selbst einen ähnlichen Koran zu erdichten. Man kann in dieser *Herausforderung* eine gewisse Steigerung erkennen. Zunächst einmal wird gefordert, dass die Gegner des Propheten eine ähnliche Botschaft beibringen (52,34) und eine ähnliche Schrift: »Sprich: Wenn die Menschen und die Djinn zusammenkämen, um etwas beizubringen, was diesem Koran gleich wäre, sie brächten nicht seinesgleichen bei, auch wenn sie einander helfen würden« (17,88).

Dann wird von ihnen die Beibringung von nur zehn Suren wie die Suren des Korans verlangt: »Oder sagen sie: ›Er hat ihn erdichtet‹? Sprich: ›Dann bringt zehn Suren bei, die ihm gleich wären und die erdichtet sind, und ruft an, wen ihr könnt, anstelle Gottes, so ihr die Wahrheit sagt.‹ Wenn sie euch nicht erhören, dann wisst, dass es mit Gottes Wissen herabgesandt worden ist und dass es keinen Gott gibt außer Ihm. Werdet ihr nun Gottergebene sein?« (11,13–14). Endlich wird nur noch eine dem Korantext ähnliche Sure verlangt: »Und wenn ihr im Zweifel seid über das, was Wir auf unseren Diener hinabgesandt haben, dann bringt eine Sure gleicher Art bei und ruft eure Zeugen anstelle Gottes an, so ihr die Wahrheit sagt« (2,23; vgl. 10,38).

Und der Koran schließt die Diskussion mit der entschiedenen Feststellung: »Dieser Koran kann unmöglich ohne Gott erdichtet werden. Er ist vielmehr die Bestätigung dessen, was vor ihm vorhanden war, und die ins Einzelne gehende Darlegung des Buches. Kein Zweifel an ihm ist möglich; er ist vom Herrn der Welten« (10,37).

Im Übrigen wäre es eine ungeheure Anmaßung, ohne göttlichen Auftrag einen prophetischen Anspruch zu erheben (6,93). Eine solche Anmaßung würde den falschen Propheten der harten Strafe Gottes aussetzen (vgl. 69,44–47).

Aber die Ungläubigen meinen, im Koran das wiederzuerkennen, was sie von der Tradition der früheren Generationen her wissen. Sie wenden immer wieder ein, der Koran sei nichts anderes als eben die Legenden der früheren Generationen (vgl. u. a. 83,13; 68,15; 25,5; 16,24; 6,25). Deswegen maßen sie sich an, ähnliche Geschichten und Legenden aufsagen zu können: »Und wenn ihnen unsere Zeichen verlesen werden, sagen sie: ›Wir haben es gehört. Wenn wir wollten, könnten auch wir etwas Derartiges sagen. Das sind nichts als Fabeln der Früheren‹« (8,31). Nach den Anschuldigungen der Ungläubigen hat Muhammad durch verschiedene Informanten Kenntnis von diesen Geschichten und Offenbarungen erhalten: »Das ist ja nichts als eine Lüge, die er erdichtet hat und bei der andere Leute ihm geholfen haben ... Es sind die Fabeln der Früheren, die er sich aufgeschrieben hat. Sie werden ihm doch morgens und abends diktiert« (25,4–5). Der Vorwurf wird auch an anderen Stellen ausgesprochen: »Es lehrt ihn gewiss ein Mensch« (16,103), »Du hast danach geforscht« (6,105).

Muhammad wehrt sich entschieden gegen diesen Vorwurf (25,4.6) und antwortet auf die einzelnen Behauptungen seiner Gegner. Der angebliche Informant, auf den sie Andeutungen machen, spricht kein Arabisch, und der Koran ist ja eine Offenbarung in arabischer Sprache (16,103). Im Übrigen steht fest, dass Muhammad vor dem Empfang der koranischen Offenbarung kein Buch verlesen und es auch nicht mit seiner rechten Hand geschrieben hat (29,48). Noch mehr: »... Du wusstest nicht (vorher), was das Buch und was der Glaube ist« (42,52). Muhammad soll sich also nicht um diesen Einwand kümmern. Ihm wird befohlen: »Folge dem, was dir von deinem Herrn offenbart worden ist. Es gibt keinen Gott außer Ihm. Und wende dich von den Polytheisten ab« (6,106).

Muhammad ist ein gewöhnlicher Mensch und der Prophet Gottes zugleich

In der Vorstellung der Polytheisten muss der Prophet Gottes ein besonderer Mensch sein oder wenigstens eine besondere Stellung in der Gesellschaft einnehmen.

Er ist doch ein gewöhnlicher Mensch, einer von uns, sagen sie: »Sie wundern sich darüber, dass ein Warner aus ihrer Mitte zu ihnen gekommen ist … Ist die Ermahnung wirklich gerade auf ihn aus unserer Mitte herabgesandt worden? …« (38,4.8; vgl. 50,2; 10,2). »Ist dieser etwas anderes als ein Mensch wie ihr?« (21,3).

Muhammad nimmt außerdem nur eine bescheidene Stellung in der Gesellschaft ein. Er ist arm und übt daher keinen Einfluss aus: »›… Oder wäre doch ihm ein Schatz überbracht worden, oder hätte er doch einen Garten, von dem er essen könnte!‹ Und die, die Unrecht tun, sagen: ›Ihr folgt doch nur einem Mann, der einem Zauber verfallen ist‹« (25,8; vgl. 11,12).

Muhammad gibt gerne zu, dass seine Stellung in der Gesellschaft bescheiden ist, dass er arm ist; dennoch hält er am göttlichen Ursprung seiner Botschaft fest: »Sprich: Ich sage euch nicht, ich hätte die Vorratskammern Gottes, und ich kenne auch nicht das Unsichtbare. Und ich sage euch nicht, ich sei ein Engel. Ich folge nur dem, was mir offenbart wird« (6,50; vgl. 11,12; 25,10).

Die Beglaubigung der prophetischen Sendung Muhammads

Um an die prophetische Sendung Muhammads zu glauben, verlangen die Ungläubigen ein außerordentliches Zeichen.

Der Koran gibt die ungeheure Forderung der Ungläubigen wieder: Sie verlangen, Gott selber zu sehen: »Und sie sagen: Wir werden dir nicht glauben, bis du uns … Gott und die Engel vor unsere Augen bringst« (17,90.92).

Wenn nicht Gott kommt, dann sollte wenigstens ein Engel auftreten. Es scheint so, dass in der Vorstellung der Ungläubigen nur ein

übermenschliches Wesen als geeigneter Bote Gottes gelten kann.
Schon sehr früh in Mekka haben die Polytheisten verlangt: »Würdest
du uns doch die Engel bringen, so du zu denen gehörst, die die Wahrheit sagen!« (15,7; vgl. 25,21; 41,14; 17,92).

Oder es soll der Engel zu Muhammad herabgesandt werden, um
seine Botschaft zu bestätigen (6,8). Wenigstens müsse er ihn begleiten,
sonst sei der Glaube an seine prophetische Sendung nicht möglich
(43,53; 25,7; 11,12).

Die Sendung der Engel, so erwidert der Koran, erfolgt nicht, solange Gott den Menschen eine Schonfrist gewährt. Die Engel kommen
nämlich, um den Tag des Gerichts und der Abrechnung einzuleiten
(15,8; 16,33; 6,8.158). Da Gott seinen Gesandten aber zu den Menschen während der festgesetzten Frist schickt, sendet er ihnen nicht einen Engel, sondern einen Menschen wie sie: »Sprich: Wenn es auf der
Erde Engel gäbe, die da in Ruhe umhergingen, dann hätten Wir ihnen
vom Himmel ja einen Engel als Gesandten hinabgeschickt« (17,95).
Auch wenn der Gesandte ein Engel wäre: Würde er dann Menschen-
gestalt annehmen, seine Identität würde dadurch nicht deutlicher werden (6,9). Im Übrigen ist es nicht sicher, dass die Ungläubigen durch
die Erscheinung des Engels zum Glauben finden würden (6,111).

Die Ungläubigen verlangen von Muhammad sonst ein besonderes
Zeichen zur Beglaubigung seiner prophetischen Sendung: »Und sie sagen: Wenn er doch ein Zeichen von seinem Herrn bringen würde!«
(20,133; vgl. 29,50; 10,20; 13,7.27; 2,118). »… Er soll uns doch ein Zeichen bringen, so wie die Früheren gesandt worden sind« (21,5). »Und
sie sagen: Wir werden dir nicht glauben, bis du uns aus der Erde eine
Quelle hervorbrechen lässt, oder bis du einen Garten von Palmen und
Weinstöcken hast und durch ihn Bäche ausgiebig hervorbrechen lässt,
oder bis du den Himmel auf uns in Stücken herabfallen lässt, wie du
behauptet hast, oder Gott und die Engel vor unsere Augen bringst,
oder bis du ein Haus aus Gold besitzt oder in den Himmel hoch-
steigst. Und wir werden nicht glauben, dass du hochgestiegen bist,
bis du auf uns ein Buch herabsendest, das wir lesen können«
(17,90–93).

Auf diese Forderung hat Muhammad in vielfältiger und nuancierter Weise reagiert:

– Das Wirken von Wunderzeichen steht allein in der Macht Gottes: »Und sie sagen: Wenn doch Zeichen von seinem Herrn auf ihn herabgesandt würden! Sprich: Über die Zeichen verfügt Gott. Ich aber bin nur ein deutlicher Warner« (29,50; vgl. 26,4; 6,37.109).
– Die Propheten sind keine Wundertäter auf Bestellung. Sie sind gewöhnliche Menschen, Warner, die von Gott mit einer Botschaft an die Menschen gesandt worden sind. Sie können zwar mit der Erlaubnis Gottes Wunder wirken (40,78; 13,38); es ist aber nicht ihre erste und vornehmste Aufgabe, den Wunderglauben der Menschen zu befriedigen (17,93; 29,50; 13,7).
– Die Forderung nach Wundern und Zeichen ist übrigens nur ein Vorwand. Die Menschen glauben ohnehin nicht, ob nun der Prophet Wunder wirkt oder nicht. Sie haben immer wieder eigene Deutungen und besondere Ausflüchte, um den Glauben an die prophetische Botschaft zu verweigern (vgl. 6,7; 54,2; 37,14–15; 7,132).
– Schließlich hängt die Bekehrung der Verstockten zum Glauben von der Rechtleitung und der Gnade Gottes ab: »Würden Wir auch zu ihnen die Engel hinabsenden, würden die Toten zu ihnen sprechen und Wir alle Dinge vor ihren Augen versammeln, sie würden unmöglich glauben, es sei denn, Gott will es. Aber die meisten von ihnen sind töricht« (6,111; vgl. 17,97; 10,96–97; 6,25). »Auch wenn ein Koran käme, mit dem die Berge versetzt oder die Erde zerstückelt oder zu den Toten gesprochen werden könnte … Nein, bei der ganzen Angelegenheit hat Gott allein zu entscheiden. Wissen denn diejenigen, die glauben, nicht, dass Gott, wenn Er wollte, die Menschen alle rechtleiten würde?« (13, 31).
– Auch wenn Muhammad keinen göttlichen Auftrag hatte, Wunder und Zeichen zu wirken, so bedeutet das keineswegs, dass er seine prophetische Sendung nicht ausweisen kann. Die Natur dieses Ausweises wird weiter unten erläutert. Hier soll nur noch darauf hingewiesen werden, dass die Muslime gleichwohl Koranstellen heranzie-

hen, um Wunderwerke im Leben Muhammads zu bestätigen: »Nahegerückt ist die Stunde, und gespalten hat sich der Mond« (54,1). Auch die Nachtreise und die Himmelsreise Muhammads sowie die wunderbare Unterstützung der Muslime durch unsichtbare Engel im Kampf gegen ihre Feinde (33,9; vgl. 8,9.12; 3,124–125) werden als Wunder betrachtet.

Weiterer Einwand

Von den weiteren Einwänden der Ungläubigen bezieht sich einer auf die Rücknahme einzelner Vorschriften oder ihre Ersetzung durch andere *(Aufhebung, Abrogation)*. Denn der Koran behauptet immer wieder, dass die Worte Gottes, sein Verhalten und sein Weg unabänderlich sind: »Und verlies, was dir vom Buch deines Herrn offenbart worden ist. Niemand wird seine Worte abändern können. Und du wirst außer Ihm keine Zuflucht finden« (18,27; 6,34.115; 50,29; 17,77; 35,43; 33,62).

Der Prophet bekräftigt sogar folgenden Grundsatz zur Beurteilung der Echtheit einer Botschaft: »Betrachten sie denn nicht sorgfältig den Koran? Wenn er von einem anderen als Gott wäre, würden sie in ihm viel Widerspruch finden« (4,82).

Aber der Koran erwähnt die Möglichkeit, dass der Prophet die ihm offenbarte Botschaft vergisst oder dass Gott seine eigenen Vorschriften aufhebt bzw. ändert (87,6.7; 17,86). Dies veranlasst die Ungläubigen, Zweifel an der Echtheit solcher Verlautbarungen anzumelden: »Und wenn Wir ein Zeichen anstelle eines (anderen) Zeichens eintauschen – und Gott weiß besser, was Er herabsendet, sagen sie: (Das) erdichtest du nur« (16,101).

Der Koran weist den Einwand zurück, indem er auf das bessere Wissen Gottes um seine eigene Offenbarung (87,7; 16,101), auf seine freie Verfügungsgewalt über die Offenbarung und den Ausdruck seines souveränen Willens hinweist (17,86). Ferner ziele die Aufhebung bestimmter Verse darauf, sie durch ähnliche oder gar bessere zu ersetzen (2,106).

Der Prophet selbst besitzt jedoch keine Vollmacht zur Abänderung dessen, was ihm von Gott zur Verkündigung mitgeteilt wird: »Wenn ihnen unsere Zeichen als deutliche Beweise verlesen werden, sagen diejenigen, die nicht erwarten, Uns zu begegnen: ›Bring einen anderen Koran als diesen, oder ändere ihn ab.‹ Sprich: Es steht mir nicht zu, ihn von mir aus abzuändern. Ich folge nur dem, was mir offenbart wird. Ich fürchte, wenn ich gegen meinen Herrn ungehorsam bin, die Pein eines gewaltigen Tages« (10,15).

5. Auswanderung (Hidjra) und Leben in Medina

Als die Mekkaner feststellten, dass Muhammad seiner Sendung treu blieb, trafen sie gegen ihn und seine Anhänger harte Maßnahmen. Die Muslime wurden in ein Tal außerhalb der Stadt verbannt und als Ausgestoßene behandelt. Muhammad schickte elf Familien in das christliche Abessinien (im Jahre 615). Er gab ihnen eine Botschaft an den Kaiser von Abessinien mit auf den Weg: Es war ein Teil der 19. Sure des Korans, in dem die Geschichte Marias, der Mutter Jesu Christi, erzählt wird. Das war die Bekundung einer irgendwie gearteten Verwandtschaft zwischen der Botschaft des neuen Propheten und dem Christentum. So wurden die Auswanderer in Abessinien freundlich aufgenommen. Sie scheinen jedoch nur einige Monate dort geblieben zu sein. Im Jahre darauf, 616, wanderten erneut etwa hundert Anhänger des Islams nach Abessinien und blieben dort bis nach der großen Auswanderung nach Medina im Jahre 622. Für diejenigen, die weiter in Mekka lebten, verbesserte sich die Lage inzwischen nicht wesentlich. Es bestand keine Hoffnung auf ein friedliches Zusammenleben mehr: Muhammad konnte nicht aufhören zu predigen, und die Mekkaner waren nicht bereit, seine Predigt, die sie in ihrer Person, in ihrem Leben und in ihren Geschäftsinteressen traf, zu dulden. Die einzige Zukunftsperspektive war die der offenen Auseinandersetzung. In Mekka waren die Positionen der beiden Lager jedoch ungleich. Es galt also zunächst einmal, die Gemeinde zu retten und in Sicherheit zu

bringen, die Zahl der Gläubigen zu vermehren und ihre Stärke zu er-
höhen. Erst dann hatte eine Konfrontation mit den Mekkanern einige
Aussicht auf Erfolg.

So wanderte Muhammad mit der Mehrheit der islamischen Frühgemeinde von Mekka nach Yathrib (das dann später Medina, die
Stadt – = die Stadt des Propheten – genannt wurde) aus, und zwar
im Jahre 622.

Wie die Auswanderung geschah, erzählen einige Gewährsleute der
islamischen Tradition wie folgt.

Nach ʿAʾisha

»Solange ich meine Eltern kenne, haben sie den Islam als Religion
gehabt. Und es ging kein Tag vorüber, ohne dass der Gesandte Gottes zu uns kam an den beiden Enden des Tages, am Morgen und am
Abend. Als die Muslime in Schwierigkeit geraten waren, ging Abu
Bakr und wanderte zum Gebiet Abessiniens aus, bis er Bark al-Ghi-
mad[25] erreichte.

Ibn al-Dughunna, der Herrscher der Region, kam ihm entgegen
und sagte: Wohin willst du, o Abu Bakr?

Er sagte: Meine Leute haben mich verjagt. So will ich im Land um-
herziehen und meinem Herrn (Gott) dienen.

Ibn al-Dughunna sagte: Jemand wie du, o Abu Bakr, geht nicht
hinaus und wird nicht verjagt. Du bringst das, was fehlt, herbei,
verbindest die Verwandtschaftsbande, trägst den Schwachen, empfängst den Gast und hilfst bei den Schwierigkeiten der Wahrheit.[26]
Ich bin (nun) für dich ein Nachbar.[27] Kehre um und diene deinem
Herrn in deinem Land.

Er kehrte um, Ibn al-Dughunna begleitete ihn. Ibn al-Dughunna
ging am Abend zu den Notabeln der Qurayshiten und sagte zu ih-

---

[25] Eine Ortschaft im Jemen.
[26] Eine solche Formel, die das sittliche Verhalten eines guten Menschen beschreibt,
wurde von Khadidja auf Muhammad angewandt.
[27] Das heißt: Ich gewähre dir die Nachbarschaftsrechte und du genießt nun meinen
Schutz.

nen: Jemand wie Abu Bakr geht nicht hinaus und wird nicht verjagt. Verjagt ihr denn einen Mann, der das, was fehlt, herbeibringt, die Verwandtschaftsbande verbindet, den Schwachen trägt, den Gast empfängt und bei den Schwierigkeiten der Wahrheit hilft?

Die Qurayshiten bezichtigten die nachbarschaftliche Unterstützung von Ibn al-Dughunna nicht der Lüge. Sie sagten zu ihm (nur): Befiehl Abu Bakr, er soll seinem Herrn in seinem Haus dienen. Dort soll er, so viel er will, beten und rezitieren, und soll uns damit nicht behelligen und es nicht öffentlich tun. Wir fürchten, dass er unsere Frauen und unsere Kinder verführt.

Ibn al-Dughunna sagte dies zu Abu Bakr. So blieb Abu Bakr auf diese Weise, er diente seinem Herrn in seinem Haus und machte sein Gebet nicht öffentlich und rezitierte (Texte) nicht außerhalb seines Hauses.

Dann schien es dem Abu Bakr angebracht, im Vorplatz seines Hauses einen Gebetsort zu bauen. Er pflegte darin zu beten und den Koran zu rezitieren. Die Frauen der Polytheisten und ihre Kinder drängten sich bei ihm zusammen, sie schauten zu ihm hin und staunten über ihn. Abu Bakr war ein Mann, der viel weinte und seine Augen nicht beherrschen konnte, wenn er den Koran rezitierte. Dies machte den Notabeln der Qurayshiten unter den Polytheisten Angst. Sie schickten zu Ibn al-Dughunna. Er kam zu ihnen.

Sie sagten: Wir haben doch Abu Bakr wegen deiner Unterstützung auch selbst Unterstützung gewährt, (und zwar) unter der Bedingung, dass er seinem Herrn in seinem Haus dient. Er übertrat dies und baute sich einen Gebetsort im Vorplatz seines Hauses und machte so sein Gebet und die Rezitation darin öffentlich. Und wir befürchten, dass er unsere Frauen und unsere Kinder verführt. Verbiete es ihm. Wenn er nun sich begnügen mag, seinem Herrn in seinem Haus zu dienen, dann soll er es tun. Wenn er es ablehnt, dann bitte ihn, dir deine Schutzverpflichtung zurückzugeben, denn wir möchten nicht dein Versprechen brechen, aber wir genehmigen dem Abu Bakr die Öffentlichkeit nicht.

Da kam Ibn al-Dughunna zu Abu Bakr und sagte: Du weißt, worüber ich mit dir übereingekommen bin. Entweder beschränkst du dich darauf oder du gibst mir meine Schutzverpflichtung zurück. Denn ich habe es nicht gern, dass die Araber hören, dass mein Versprechen gebrochen wurde in Bezug auf einen Mann, mit dem ich ein Abkommen hatte.

Da sagte Abu Bakr: Ich gebe dir deine nachbarschaftliche Unterstützung zurück und bin mit der Unterstützung Gottes, des Mächtigen und Erhabenen, zufrieden.

Der Prophet befand sich an jenem Tag in Mekka. Da sagte der Prophet zu den Muslimen: Mir wurde das Haus eurer Auswanderung gezeigt, mit Palmen zwischen zwei heißen Orten. Da wanderte, wer auswanderte, in Richtung Medina aus. Und die meisten von denen, die nach Abessinien ausgewandert waren, kamen nach Medina zurück. Und Abu Bakr bereitete sich (zur Auswanderung) in Richtung Medina vor.

Da sagte der Gesandte Gottes zu ihm: Langsam! Ich hoffe, mir wird dies auch erlaubt.

Abu Bakr sagte: Erhoffst du das, mein Vater und meine Mutter sollen als Ersatzopfer für dich dienen?

Er sagte: Ja.

Abu Bakr hielt sich wegen des Gesandten Gottes zurück, um diesen zu begleiten. Er fütterte zwei Reittiere, die bei ihm waren, mit den Blättern des Samur-Baumes vier Monate lang.«

(Bei Bukhari)[28]

Nach ʻAʼisha

»Als wir uns eines Tages im Haus des Abu Bakr am Höhepunkt der Mittagszeit (bei starker Hitze) befanden, sagte jemand zu Abu Bakr: Da ist der Gesandte Gottes, er ist vermummt. Das war eine Stunde, in der er nicht zu uns zu kommen pflegte.

Da sagte Abu Bakr: Ersatzopfer für ihn seien mein Vater und meine

---

[28] Aus: A. Th. Khoury, *Der Hadith*, Bd. I, Nr. 238.

Mutter! Bei Gott, nur eine ernste Angelegenheit treibt ihn zu dieser
Stunde.

Da kam der Gesandte Gottes und bat um Erlaubnis (einzutreten).
Er erlaubte es ihm. Er trat ein und sagte zu Abu Bakr: Schick weg
die, die bei dir sind.

Er sagte: Das sind doch deine Angehörigen, mein Vater soll Ersatzopfer für dich sein, o Gesandter Gottes!

Er sagte: Mir wurde erlaubt, auszuwandern.

Da sagte Abu Bakr: All die Gefährten, mein Vater soll Ersatzopfer
für dich sein, o Gesandter Gottes?

Der Gesandte Gottes sagte: Ja.

Abu Bakr sagte: Dann, o Gesandter Gottes, nimm eines von diesen
zwei Reittieren.

Der Gesandte Gottes sagte: Aber ich bezahle das.

'A'isha sagt: Wir statteten beide aus mit der besten Ausstattung und
legten ihnen Reiseproviant in einen Ledersack. Meine Schwester
schnitt ein Stück von ihrem Gürtel und schnürte damit die Öffnung des Ledersacks. Deswegen wurde sie genannt: Die mit dem
Gürtel.

Sie ('A'isha) sagt: Dann folgten der Gesandte Gottes und Abu Bakr
zu einer Höhle am Thaur-Berg.[29] Sie versteckten sich darin drei
Nächte. Mit ihnen übernachtete auch 'Abdallah, der Sohn des Abu
Bakr; er war ein kluger und lerneifriger junger Mann. Er ging am
Frühmorgen von ihnen weg und befand sich dann mit den Qurayshiten in Mekka, als hätte er dort übernachtet. Er hörte keine Sache, durch die sie Schaden erleiden sollten, ohne dass er es begriff,
bis er ihnen die Nachricht brachte, wenn die Dunkelheit sich (mit
dem Licht) mischte. In ihrer Nähe weidete 'Amir ibn Fuhayra, der
Knecht von Abu Bakr, Schafe, die er als Geschenk erhielt, und
brachte sie zum Ausruhen zu ihnen, wenn eine Stunde am Abend
vergangen war. So konnten sie für die Nacht gut Speise haben mit
der Milch ihrer Schafe und dem heißen Stein, bis 'Amir sich am

---

[29] D. h. am Ochsen-Berg.

Frühmorgen sie *(die Schafe)* wieder rief. Er tat das jede Nacht von diesen drei Nächten.

Der Gesandte Gottes und Abu Bakr hatten einen Mann aus dem Stamm Dayl angeworben als erfahrenen Reiseführer, der ein Abkommen mit dem Clan von al-ʿAs ibn Waʾil al-Sahmi hatte und der Religion der Ungläubigen unter den Qurayshiten anhing. Sie vertrauten ihm und hatten ihm ihre beiden Reittiere übergeben und sich mit ihm bei der Ochsen-Höhle nach drei Nächten verabredet. Er kam zu ihnen mit ihren beiden Reittieren am dritten Morgen. Mit ihnen gingen ʿAmir ibn Fuhayra und der Reiseführer. Der führte sie auf dem Weg der Meeresufer.«
(Bei Bukhari)[30]

Nach Anas

»Der Prophet Gottes kam nach Medina und hatte hinter sich (auf dem Reittier) Abu Bakr. Der Prophet sah aus wie ein junger Mann und Abu Bakr wie ein älterer Mann, der bekannt war. Wenn jemand ihn traf, sagte er: O Abu Bakr, wer ist der Mann vor dir?
Er sagte: Das ist der, der mich den Weg leitet.
Der Betroffene nahm dann an, dass er die Reiseroute meinte, während er den Weg des Guten meinte.
Abu Bakr drehte sich, da war ein Pferdereiter, der sie eingeholt hatte.
Er sagte: O Gesandter Gottes, da ist ein Pferdereiter, der uns eingeholt hat.
Der Prophet Gottes drehte sich und sagte: O unser Gott, schlag ihn nieder.
Seine Pferdstute schlug ihn nieder, dann stand sie schreiend auf.
Er sagte: O Prophet Gottes, befiehl mir, was du willst.
Er sagte: Bleibe auf deiner Stelle stehen. Lass niemanden uns folgen.
So bemühte er sich am Anfang des Tages hinter dem Propheten Gottes her und am Ende des Tages wurde er zu seinem Wächter.
Der Gesandte Gottes stieg aus in der Nähe von Harra *(dem heißen*

---

[30] Aus: A. Th. Khoury, *Der Hadith*, Bd. I, Nr. 240.

Ort) und schickte zu den Anhängern. Sie kamen und begrüßten ihn. Sie sagten: Reitet weiter, ihr seid in Sicherheit und euch wird gehorcht.

Da stiegen der Prophet Gottes und Abu Bakr auf das Reittier. Sie *(die Anhänger)* umgaben sie mit den Waffen. So wurde in Medina gesagt: Der Prophet Gottes ist gekommen, der Prophet Gottes ist gekommen. Sie *(die Menschen)* trafen ein, schauten hin und sagten: Der Prophet Gottes ist gekommen, der Prophet Gottes ist gekommen. Er kam zu Fuß, bis er neben dem Haus von Abu Ayyub ankam.

Da sagte der Prophet Gottes: Welches Haus von den Häusern unserer Angehörigen ist näher?

Da sagte Abu Ayyub: Ich, o Prophet Gottes. Das ist mein Haus, und das ist meine Tür.

Er sagte: Geh und bereite uns eine Raststelle vor.

Er sagte: Steht auf mit dem Segen Gottes des Erhabenen.«[31] (Bei Bukhari)[32]

Nach Ibn Shihab

»Der Gesandte Gottes traf al-Zubayr mit einer Reitergruppe von Muslimen, die als Händler aus Syrien zurückkamen. Al-Zubayr zog dem Propheten und Abu Bakr weiße Kleider an.

Die Muslime in Medina hörten vom Weggang des Gesandten Gottes aus Mekka. Sie gingen jeden Morgen zu al-Harra[33] und warteten auf ihn, bis die Hitze des Mittags sie zurückwarf. Eines Tages kehrten sie zurück, nachdem sie lange gewartet hatten. Als sie zu ihren Häusern zurückkehrten, stieg ein Mann von den Juden auf eine Burg von ihren Burgen wegen einer Angelegenheit, die er untersuchen wollte. Da sah er den Gesandten Gottes und seine Gefährten weiß und die Fata Morgana abweisend. Der Jude konnte dann nicht anders, als mit lautester Stimme zu sagen: O Ihr Araber, das ist euer

---

[31] D. h.: Betretet mein Haus und seid nun meine Gäste.
[32] Aus: A. Th. Khoury, *Der Hadith,* Bd. I, Nr. 242.
[33] Übersetzt heißt es: zum heißen Ort.

Glück, das ihr erwartet. Da sprangen die Muslime zu den Waffen und empfingen den Gesandten Gottes am oberen Rand des heißen Ortes. Er wandte sich mit ihnen nach rechts, bis er sich mit ihnen bei dem Clan von ʿAmr ibn ʿAuf niederließ. Das war der Montag vom Monat Rabiʿ al-awwal. Abu Bakr stand bei den Leuten, und der Gesandte Gottes saß da schweigend. Diejenigen von den Anhängern, die da kamen und vorher den Gesandten Gottes nicht gesehen hatten, fingen an, den Abu Bakr zu begrüßen, bis die Sonne den Gesandten Gottes erreichte. Da kam Abu Bakr und machte ihm einen Schatten durch sein Gewand. Da erkannten die Menschen dadurch den Gesandten Gottes.

Der Gesandte Gottes blieb bei dem Clan von ʿAmr ibn ʿAuf etwa zehn Nächte. Und er gründete die Moschee, die auf der Frömmigkeit gegründet ist, und der Gesandte Gottes betete darin. Dann stieg er auf sein Reittier und ging weiter, und die Menschen gingen mit ihm, bis es *(das Reittier)* niederkniete bei der Moschee des Gesandten *(Gottes)* in Medina. Dort beteten an jenem Tag Männer von den Muslimen. Es war eine Tenne für Datteln und gehörte Suhayl und Sahl, zwei jungen Waisenkindern unter der Obhut von Asʿad ibn Zurara.

Da sagte der Gesandte Gottes, als sein Reittier mit ihm niederkniete: Das ist, so Gott will, das Wohnhaus.

Dann rief der Gesandte Gottes die zwei Jungen und verhandelte mit ihnen über die Tenne, um sie sich als Moschee zu nehmen.

Sie sagten: Nein, aber wir schenken sie dir, o Gesandter Gottes.

Der Gesandte Gottes lehnte es ab, sie von ihnen als Geschenk zu nehmen, bis er sie von ihnen kaufte. Dann baute er sie zur Moschee um. Der Gesandte Gottes fing an, mit ihnen die Lehmsteine zu tragen, um sie zu bauen.«

(Bei Bukhari)[34]

---

[34] Aus: A. Th. Khoury, *Der Hadith,* Bd. I, Nr. 241.

Das Jahr 622, in dem die Auswanderung stattfand, ist auch das erste der islamischen Zeitrechnung (die dem Mondkalender folgt) geworden. Diese Auswanderung der islamischen Gemeinde nach Medina bildet einen tiefen Einschnitt im Leben Muhammads. Von nun an hatte er viel stärker für seine Gemeinschaft zu sorgen. Die Tatsache, dass die Zahl der Muslime immer weiter wuchs, führte ihn dazu, die Aufgaben des politischen Führers, des Gesetzgebers und des Richters zu übernehmen. Er konnte sich nicht mehr damit begnügen, eine von Askese inspirierte, auf das Jenseits gerichtete Botschaft zu predigen, er musste sich mit dem Alltag der Muslime beschäftigen, eine soziale Ordnung schaffen, die Fundamente der solidarischen islamischen Gemeinschaft legen, deren Solidarität nicht mehr auf der Blutsverwandtschaft, sondern auf dem gemeinsamen Glauben gründete.

Endlich musste Muhammad den politischen und militärischen Kampf gegen die Feinde des Islams nach außen und auch innerhalb der Gemeinde selbst führen. Dafür brauchte er mehr als nur prophetischen Mut und leidenschaftliche Appelle. Er benötigte und entwickelte auch den Sinn für die alltäglichen Realitäten, für die komplexen Vorgänge einer Gesellschaft, für die psychologischen Widerstände, die die Reform der lebensnotwendigen Tradition bei den Stämmen hervorrief.

Muhammad blieb also in Medina nicht nur der inspirierte Prophet und der weltabgewandte Asket; er wurde zunehmend zum klugen, abwägenden Staatsmann, zum weisen Gesetzgeber, zum politischen Führer und zum Feldherrn, kurz, zur Zentralfigur der frühislamischen Gemeinde. Der »Gesandte Gottes« sah seine Autorität durch die Erfolge seiner Politik und seiner Führung wie auch durch die Unterstützung der göttlichen Offenbarung immer größer und fester werden.

In Medina wurde Muhammad samt seiner Gemeinde mit Wohlwollen aufgenommen. Er verstand es, sich in den Streitfragen zwischen den verschiedenen Parteien neutral zu verhalten, und konnte somit mit der Zeit so viel an Ansehen gewinnen, dass er sogar als Schiedsrichter herangezogen wurde.

Was nun das Leben seiner Gemeinde anbelangt, so versuchte er, sie in die Gesamtbevölkerung der Stadt zu integrieren. Im Jahr 623 erließ

Muhammad die erste Gemeindeordnung, in der feierlich proklamiert wurde, dass alle Muslime miteinander verbunden seien und nun aufgrund ihres gemeinsamen Glaubens eine Gemeinschaft *(Umma)* bildeten. Diese Statuten werden in der islamischen Tradition als Vorbild für jede Gesetzgebung in den islamischen Staaten und als Modell für das echte islamische Leben innerhalb der solidarischen Gemeinschaft betrachtet.

In Medina versuchte Muhammad, die Unterstützung der Juden für seine Predigt und für seine politischen Ziele zu gewinnen. Er predigte doch denselben Monotheismus, wie ihn die Juden hatten, er berief sich auf Abraham, erkannte die Tora des Mose und die Propheten des Alten Testaments an. Um ein Zeichen seiner Zugehörigkeit zur biblischen Tradition zu setzen, hatte er den Muslimen vorgeschrieben, sich beim Gebet nach Jerusalem zu richten. Die Juden ihrerseits wollten jedoch die Echtheit seiner prophetischen Sendung nicht anerkennen. Sie wähnten ihre Interessen durch die Allianz mit den reichen und mächtigen Mekkanern eher gewahrt als durch die Freundschaft mit Muhammad.

Nach vergeblichen Versuchen, sich die Unterstützung der Juden zu sichern, wandte sich Muhammad von ihnen ab. Er vollzog zwei entscheidende Schritte, die ihm und dem Islam die Selbständigkeit sicherten. Der erste Schritt war theologischer Natur. Jenseits der Ansprüche von Juden und Christen, jeweils die einzige heilsrelevante Religion zu haben, berief er sich direkt auf die Religion Abrahams, des Vaters aller Gläubigen. Diese reine Religion bestand schon vor dem Christentum (Jesus) und vor dem Judentum (Mose): »Und sie sagen: ›Werdet Juden oder Christen, so folgt ihr der Rechtleitung.‹ Sprich: Nein, (wir folgen) der Glaubensrichtung Abrahams, als Anhänger des reinen Glaubens; und er gehörte nicht zu den Polytheisten« (2,135). – »O ihr Leute des Buches, warum streitet ihr über Abraham, wo doch die Tora und das Evangelium erst nach ihm herabgesandt wurden? Habt ihr denn keinen Verstand? ... Abraham war weder Jude noch Christ, sondern er war Anhänger des reinen Glaubens, ein Gottergebener, und er gehörte nicht zu den Polytheisten« (3,65.67).

Somit hatte Muhammad den biblischen Charakter seiner Botschaft bekräftigt, ohne sich an das Judentum oder das Christentum zu binden.

Der zweite Schritt der Verselbständigung des Islams war religiöser und politischer Natur zugleich. Der arabische Charakter der koranischen Botschaft sollte nun bekräftigt und gleichzeitig die direkte Verbindung des Islams mit Abraham verdeutlicht werden. So erklärte Muhammad, dass das Hauptheiligtum Arabiens, die Kaʿba zu Mekka, von Abraham und seinem Sohn Ismael als Heiligtum für die Araber und die Muslime gebaut worden sei (vgl. 2, 124–134). Folgerichtig schrieb Muhammad seiner Gemeinde vor, sich von nun an beim Gebet nicht mehr nach Jerusalem, sondern vielmehr nach der Kaʿba zu richten (2,142–150). Mit diesem zweiten Schritt hatte Muhammad die Selbständigkeit des Islams endgültig besiegelt und zugleich die Kaʿba zum Versammlungsort aller arabischer Stämme und zum Symbol der religiösen und politischen Einheit des Islams erklärt.

Die Beziehungen der islamischen Gemeinde zu den Juden wurden mit der Zeit so gespannt, dass Muhammad sie in drei Feldzügen schlug.[35]

Aber die Schwierigkeiten der Gemeinde in Medina wurden nicht nur von den Juden verursacht. In den Reihen der Muslime selbst befanden sich Leute, die aufgrund ihrer Verwandtschaft mit den Mekkanern nicht gegen diese kämpfen mochten, andere, die zauderten und mit den Maßnahmen Muhammads nicht immer einverstanden waren, endlich auch solche, die heuchelten, d. h. nach außen hin so taten, als hätten sie den Glauben, in ihrem Herzen aber dem Islam keinen Glauben schenkten, und deren Verhalten Verwirrung in den Reihen der islamischen Kämpfer stiftete. Mit diesen Zauderern und Heuchlern musste sich Muhammad und nach ihm die Gemeinde lange Zeit auseinandersetzen. Gefährlich waren sie besonders in der Zeit, in der der Kampf gegen die Mekkaner noch nicht zugunsten der Muslime entschieden war.

---

[35] Siehe dazu die Ausführungen im 5. Kapitel.

6. Sieg über die Mekkaner

Nach außen hatte Muhammad weiterhin gegen die Mekkaner zu kämpfen. Die Muslime überfielen die Karawanen der Mekkaner und fügten ihnen immer empfindlichere Verluste zu. Die bewaffnete Auseinandersetzung zwischen den verfeindeten Lagern fand in mehreren Schlachten und Konfrontationen statt: Die Muslime errangen den Sieg in Badr (624), aber erlitten eine Niederlage in Uhud, wo Muhammad sogar verwundet wurde (625). Unentschieden verlief die Belagerung Medinas durch die Mekkaner (627), weil die Muslime um ihre Stadt einen Graben ausgehoben hatten (Grabenkrieg). 628 erschienen die Muslime vor den Toren Mekkas. Sie schlossen mit den Mekkanern einen Waffenstillstand für zehn Jahre (Abkommen von Hudaybiya), den jedoch die Mekkaner nicht respektierten. Daraufhin marschierten die muslimischen Kämpfer gegen Mekka. Die Mekkaner öffneten die Tore ihrer Stadt vor Muhammad ohne Widerstand, nachdem sie die Zusicherung erhielten, dass die Bevölkerung Mekkas verschont werde. Muhammad hielt sein Wort. Er trat in die Ka'ba ein und beseitigte endgültig die Götzen, die heidnischen Malereien und Kultsymbole. Das war im Jahr 630.

In Medina entledigte sich Muhammad der Juden nach und nach. Im Anschluss an seinen Sieg zu Badr 624 griff er einen der drei Stämme der Juden an und vertrieb seine Mitglieder aus der Stadt. In der zweiten Hälfte des Jahres 625 wurde auch der zweite Stamm aus Medina vertrieben. Nach einem unentschieden verlaufenen Grabenkrieg griff Muhammad den dritten Judenstamm an und ließ einen Schiedsrichter über ihr Schicksal entscheiden. Nach dessen Urteil wurden die Männer hingerichtet und die Frauen und die Kinder als Sklaven verkauft.

Nach der Beseitigung der Juden blieb den Muslimen die Aufgabe, den Einfluss der Christen zu neutralisieren. In Medina besaßen die Christen keine Bedeutung. Muhammad startete einen Feldzug gegen die christlichen Stämme in Nordarabien (629), der missglückte. Daraufhin verschärfte Muhammad seinen Ton in der religiösen Auseinandersetzung mit den Christen. Dann kam der Befehl, alle Nicht-Muslime, einschließlich Juden und Christen, zu unterwerfen (Koran 9,29.33). Die muslimischen Truppen rückten gegen mehrere christliche Oasen im Norden vor und nahmen sie ein (630–631); andere Truppen bewegten sich in Richtung Süden und nach Nadjran im Jemen.

In den Jahren 630–631 schickten die arabischen Stämme Abgesandte zu Muhammad, um ihren Übertritt zum Islam zu bekunden. 631 erklärte Muhammad die Abschaffung des Polytheismus. 632 unternahm er mit einer großen Schar von Gläubigen die erste Wallfahrt des Islams nach Mekka, die als Vorbild für die muslimischen Pilger in der nachfolgenden Zeit gilt. Muhammad wurde in Medina überraschend krank und starb am 8. Juni 632.

3. Kapitel

Muhammads Haltung zu den Nicht-Muslimen

1. Verschiedene Haltungen

In seinen Beziehungen zu den Nicht-Muslimen nahm der Prophet des Islams, Muhammad, je nach den geschichtlichen Umständen, in denen er und seine Gemeinde sich befanden, verschiedene Haltungen ein.

Friedvolle Haltung

In den Anfängen und in der Zeit, in der er sich noch keine unmittelbaren politischen und sozialen Ziele gesetzt hat, d. h. hauptsächlich in Mekka – und auch bei manchen Auseinandersetzungen in Medina –, neigt Muhammad dazu, sich mit der Erfüllung seines Auftrages als Verkünder und Warner zu begnügen und die Zukunft der Ungläubigen und die Bestrafung des Unglaubens Gott zu überlassen.

Auch in seinen Beziehungen zu seinen polytheistischen Landsleuten ist Muhammad in dieser Phase darauf bedacht, keinen heftigen Streit zu entfachen und keine Aggressivität aufkommen zu lassen. Er mahnt sie, den Glauben anzunehmen, und dies zu ihrem eigenen Vorteil zu tun: »Sprich: O ihr Menschen, zu euch ist die Wahrheit von eurem Herrn gekommen. Wer der Rechtleitung folgt, folgt ihr zu seinem eigenen Vorteil. Und wer irregeht, geht irre zu seinem eigenen Schaden. Und ich bin nicht euer Sachwalter« (10,108; vgl. 27,92; 41,46; 45,15; 17,7.15; 30,44; 39,41; 34,50).

Immer wieder muss er feststellen, dass seine Predigt keine Bekehrung bei den Polytheisten bewirkt: »Und die meisten Menschen sind nicht gläubig, du magst dich noch so sehr bemühen«, stellt der Koran fest (12,103; vgl. 16,37; 12,106; 7,193). Daraus zieht Muhammad die Konsequenz: »Ihr habt eure Religion, und ich habe meine Religion«

(109,6; vgl. 11,93.121; 39,39; 6,135). »Sprich: Das ist mein Weg. Ich rufe zu Gott aufgrund eines einsichtbringenden Beweises, ich und diejenigen, die mir folgen. Preis sei Gott! Und ich gehöre nicht zu den Polytheisten« (12,108).

Er grenzt sich und seine Gemeinde von der Gemeinschaft der Polytheisten ab (109,1–6). Der Koran spricht ihn von der Verantwortung für sie und ihr Schicksal los: »… Und wende dich von den Polytheisten ab. Wenn Gott gewollt hätte, wären sie nicht Polytheisten geworden. Und Wir haben dich nicht zum Hüter über sie gemacht, und du bist nicht als Sachwalter über sie eingesetzt« (6,106–107; vgl. 25,43; 17,54; 39,41; 42,9; 6,66).

So ist Muhammad nicht dazu aufgerufen, die Menschen für ihren Unglauben zur Rechenschaft zu ziehen. »Und wenn sie dich der Lüge zeihen, dann sprich: Mir kommt mein Tun zu und euch euer Tun. Ihr seid unschuldig an dem, was ich tue; und ich bin unschuldig an dem, was ihr tut« (10,41; vgl. 26,216; 21,35; 28,55).

Gott ist der gemeinsame Herr aller Menschen. Er wird von Gläubigen und Ungläubigen Rechenschaft fordern: »… Gott ist unser Herr und euer Herr. Wir haben unsere Werke, und ihr habt eure Werke (zu verantworten). Es gibt keinen Streitgrund zwischen uns und euch. Gott wird uns zusammenbringen. Und zu Ihm führt der Lebensweg« (42,15; vgl. 34,25).

Der Koran tröstet den zurückgewiesenen Propheten mit den Worten: »Lass sie schweifende Reden halten und ihr Spiel treiben, bis sie ihrem Tag begegnen, der ihnen angedroht ist« (43,83).

Seine Haltung in dieser Periode wird treffend in folgender Empfehlung beschrieben: »Nimm das Gute und Leichte,[1] gebiete das Recht und wende dich von den Törichten ab« (7,199).

Was die Juden und die Christen anbelangt, so macht der Koran in dieser Periode kaum einen Unterschied unter ihren Gruppen und Gemeinschaften. Seine allgemeine Haltung, auch in der ersten Phase seines Aufenthaltes in Medina, spiegelt sich in folgenden Versen wider,

---

[1] Oder: Nimm (als Abgabe) das Entbehrliche: vgl. 2,219; oder: Übe Nachsicht.

die eine grundsätzlich ähnliche Haltung wie gegenüber den Polytheisten ausdrücken: »Wenn sie an das Gleiche glauben, woran ihr glaubt,
so folgen sie der Rechtleitung. Wenn sie sich abkehren, so befinden sie
sich in Widerstreit. Gott wird euch vor ihnen schützen ... Sprich: Was
streitet ihr mit uns über Gott, wo Er unser Herr und euer Herr ist? Wir
haben unsere Werke, und ihr habt eure Werke (zu verantworten)«
(2,137.139).

Auch gegen Neid und Missgunst der Leute des Buches, wie der
Koran Juden und Christen bezeichnet, soll Muhammad Nachsicht
zeigen, verzeihen und auf die Entscheidung Gottes warten (vgl.
2,109). In diesen Zusammenhang gehört die Bejahung des religiösen
Pluralismus durch den Koran, wenn es um die Gestalten der göttlichen Offenbarung, vor allem innerhalb der biblischen Tradition,
geht. Auch später wurde dieser Pluralismus nicht ganz in Frage ge-
stellt, sondern in seinen wichtigsten Zügen bestätigt. Denn, so der
Koran, Gott hat zwar seinen Propheten und Gesandten immer nur
dieselbe Grundoffenbarung des monotheistischen Glaubens über-
bringen lassen (vgl. 21,25; 3,84), er hat aber bestimmt, dass die großen Gesandten und Religionsstifter, Mose, Jesus und Muhammad, je
ein in manchen Punkten verschiedenes Gesetz erlassen. Der Koran
erkennt die Gültigkeit und die Heilswirksamkeit dieser verschiedenen
religiösen Wege an: »Diejenigen, die glauben, und diejenigen, die Juden sind, und die Christen und die Sabier,[2] all die, die an Gott und
den Jüngsten Tag glauben und Gutes tun, erhalten ihren Lohn bei
ihrem Herrn, sie haben nichts zu befürchten, und sie werden nicht
traurig sein« (2,62; vgl. 5,69).

Eine spätere Bestätigung fand dieser Vers in der Sure 5, der wahrscheinlich letzten der koranischen Offenbarung, in der er wörtlich aufgenommen (5,69) und inhaltlich verdeutlicht wurde:

---

[2] Eine Täufergemeinde, wahrscheinlich die Mandäer.

– Für die Juden:
»Wir haben die Tora hinabgesandt, in der Rechtleitung und Licht enthalten sind, damit die Propheten, die gottergeben waren, für die, die Juden sind, danach urteilen, und so auch die Rabbiner und die Gelehrten, aufgrund dessen, was ihnen vom Buche Gottes anvertraut wurde und worüber sie Zeugen waren … Diejenigen, die nicht nach dem urteilen, was Gott herabgesandt hat, das sind die, die Unrecht tun« (5,44.45).

– Für die Christen:
»Und Wir ließen nach ihnen Jesus, den Sohn Marias, folgen, damit er bestätige, was von der Tora vor ihm vorhanden war. Und Wir ließen ihm das Evangelium zukommen, das Rechtleitung und Licht enthält und das bestätigt, was von der Tora vor ihm vorhanden war, und als Ermahnung für die Gottesfürchtigen. Die Leute des Evangeliums sollen nach dem urteilen, was Gott darin herabgesandt hat. Und diejenigen, die, die nicht nach dem urteilen, was Gott herabgesandt hat, das sind die Frevler« (5,46–47).

– Für die Muslime:
»Und Wir haben zu dir das Buch mit der Wahrheit hinabgesandt, damit es bestätige, was vom Buch vor ihm vorhanden war, und alles, was darin steht, fest in der Hand habe. Urteile nun zwischen ihnen nach dem, was Gott herabgesandt hat, und folge nicht ihren Neigungen, damit du nicht von dem abweichst, was von der Wahrheit zu dir gekommen ist … Und urteile zwischen ihnen nach dem, was Gott herabgesandt hat, und folge nicht ihren Neigungen. Und hüte dich vor ihnen, dass sie dich nicht verführen und abweichen lassen von einem Teil dessen, was Wir zu dir hinabgesandt haben …« (5,48.49).

– Für alle Gemeinschaften:
»Für jeden von euch haben Wir eine Richtung und einen Weg festgelegt. Und wenn Gott gewollt hätte, hätte Er euch zu einer einzigen Gemeinschaft gemacht. Doch will Er euch prüfen in dem,

was Er euch hat zukommen lassen. So eilt zu den guten Dingen um
die Wette. Zu Gott werdet ihr allesamt zurückkehren, dann wird Er
euch kundtun, worüber ihr uneins waret« (5,48).

Die verschiedenen Gemeinschaften sollen also nicht miteinander über
die Einzelbestimmungen ihres jeweiligen Gesetzes (vgl. 22,67) streiten,
sondern folgende Empfehlung beherzigen: »Jeder hat eine Richtung,[3]
zu der er sich wendet. So eilt zu den guten Dingen um die Wette ...«
(2,148; vgl. 5,48).

Die Rolle der islamischen Gemeinschaft bei diesem Wettstreit wird
im Koran definiert: »Und so haben Wir euch zu einer in der Mitte stehenden Gemeinschaft[4] gemacht, auf dass ihr Zeugen seid über die
Menschen und dass der Gesandte Zeuge sei über euch ...« (2,143;
vgl. 22,78).

Dieses Zeugnis bedeutet zwar, dass die Muslime die Andersgläubigen zum Islam aufrufen und ihnen die Vorzüge ihres Glaubens und
ihres Gesetzes deutlich machen sollen, aber sonst bleibt die letzte Entscheidung bei Gott: »... Und sprich zu denen, denen das Buch zugekommen ist, und zu den Ungelehrten: Werdet ihr nun Muslime werden? Wenn sie Muslime werden, folgen sie der Rechtleitung. Wenn sie
sich aber abkehren, so obliegt dir nur die Ausrichtung (der Botschaft) ...« (3,20; vgl. 36,17; 16,82; 29,18; 42,48).

Denn wenn feststellbar ist, dass die Menschen Widerstand gegen
die in deutlichen Zeichen verkündete Botschaft leisten und sich weigern, die Wahrheit der koranischen Offenbarung anzunehmen und
sich unter ihr Gesetz zu stellen, so muss dies als Bestimmung Gottes,
d. h. als das Geheimnis der Beziehung zwischen der Allmacht Gottes
und dem Gewissen des Menschen verstanden werden. Nicht einmal
der Prophet ist berechtigt, sich darüber zu empören, auch er muss
dies zur Kenntnis nehmen: »Wenn dein Herr wollte, würden die, die

---

[3] Gemeint ist hier nicht nur die Gebetsrichtung, sondern auch die Lebensordnung
und Orientierung.
[4] (Gemeinschaft,) die das Gleichgewicht zwischen den Extremen hält, mit einem
ausgewogenen Ordnungssystem und Verhalten.

auf der Erde sind, alle zusammen gläubig werden. Bist du es etwa, der die Menschen zwingen kann, gläubig zu werden?« (10,99; vgl. 32,13; 16,9; 6,35.149; 13,31).

Daher gilt der allgemeine Grundsatz: »Es gibt keinen Zwang in der Religion …« (2,256). Dieser Grundsatz ist das Fundament der islamischen Toleranz in Sachen des Glaubens und der religiösen Praxis. Die islamische Tradition hat diesen Vers als Verbot verstanden, die Menschen zum Glauben zu zwingen, nicht nur als Feststellung, dass keiner außer Gott die Menschen zum Glauben zwingen kann.

Das bedeutet jedoch nicht, dass nun Gläubige und Ungläubige gleichgestellt werden. Die Ungläubigen halten sich an die Götzen, die sie verführen und »aus dem Licht in die Finsternis bringen« und zum Höllenfeuer verdammen. Die Gläubigen dagegen werden von Gott ins Licht gebracht, denn »Gott ist der Freund derer, die glauben« (2,257). Auch hier gilt, diesmal zugunsten des Islams und der Muslime, der allgemeine Grundsatz: »Wer eine andere Religion als den Islam sucht, von dem wird es nicht angenommen werden. Und im Jenseits gehört er zu den Verlierern« (3,85).

Schon hört man in diesem letzten Vers einen energischen Ton. Der Koran artikuliert gegen die Ungläubigen und die Andersgläubigen erste Drohungen. Gott hält denjenigen, die den Glauben verweigern, ihre verdiente Strafe bereit. Er wird sie im Jenseits bestrafen (vgl. u. a. 10,44–46). Auch im Diesseits ereilt die Strafe Gottes die Ungläubigen. Die gesamte Prophetengeschichte zeugt vom diesseitigen Zorn Gottes über diejenigen, die seine Gesandten abgewiesen und den Glauben abgelehnt haben (vgl. als Musterbeispiel die verschiedenen Straflegenden: 7,59–64: Noach; 65–72: Hud; 73–79: Salih; 80–84: Lot; 85–93: Shu'ayb; 94–102: Zusammenfassung und Schlussfolgerungen). Gegen diejenigen, die ihren Propheten drohten, spricht Gott: »Verderben werden Wir die, die Unrecht tun« (14, 13). Die Spuren der vergangenen Völker zeugen davon, wie schrecklich die Rache Gottes ausfallen kann.

Es gilt für alle Völker und Gemeinschaften folgende Feststellung und Drohung: »Und es gibt keine Stadt, die Wir nicht vor dem Tag

der Auferstehung verderben oder mit einer harten Pein peinigen würden ...« (17,58).

Denn Gott handelt den Menschen gegenüber anders als die von
ihm gesandten Propheten. Die Propheten besitzen keine Macht, die
Menschen zum Glauben und zum Gehorsam zu zwingen (vgl. 88,22;
50,45), Gott aber besitzt die Mittel, die Menschen, die Erde und den
gesamten Kosmos zu seiner Anbetung zu führen, bereitwillig oder gezwungen: »Und vor Gott wirft sich, wer in den Himmeln und auf der
Erde ist, nieder, ob freiwillig oder widerwillig ...« (13,15).

Dieselbe Macht Gottes und sein sanfter oder rüder Zwang gelten
auch im Hinblick auf die Annahme des Islams. Die Menschen, die
mit dem Glaubensaufruf des Propheten Muhammad konfrontiert werden, haben dies zu beherzigen: »Suchen sie sich etwa eine andere Religion als die Religion Gottes, wo Ihm ergeben ist, was in den Himmeln
und auf der Erde ist, ob freiwillig oder widerwillig? ...« (3,83).

Auseinandersetzung

Ein zweiter Haltungstyp drückt sich im Koran darin aus, dass der Prophet versucht, die Menschen den Glaubensgehorsam zu lehren. Dabei
wird er aktiver und stellt sich der Auseinandersetzung mit den Ungläubigen und den Andersgläubigen. Der Ausgangspunkt dieser Auseinandersetzung ist die Wahrheit der koranischen Offenbarung und ihr göttlicher Ursprung. Somit beansprucht der Koran für sich dieselbe Geltung
und Berechtigung wie die Offenbarungen früherer Propheten.

Gegenüber allen Gegnern gilt folgende Richtlinie: »Ruf zum Weg
deines Herrn mit Weisheit und schöner Ermahnung, und streite mit
ihnen auf die beste Art ...« (16,125).

Die Diskussion mit den Nicht-Muslimen ist also kein aggressiver
Streit, sie ist in erster Linie ein Aufruf zum Glauben. Um die Muslime
für die Auseinandersetzung zu rüsten, gibt ihnen der Koran einige Ver-
haltensregeln. Sie dürfen sich nicht auf die Seite der Ungläubigen ziehen lassen, denen die Satane eingeben, mit den Muslimen zu streiten:
»Wenn ihr ihnen gehorcht, seid ihr sogleich Polytheisten« (6,121). Sie

sollen auch nicht in die entgegengesetzte Haltung verfallen und anfangen, gegen die Götzen der Polytheisten zu schimpfen: »Und schmäht nicht diejenigen, die sie anstelle Gottes anrufen, damit sie nicht in Übertretung ohne (richtiges) Wissen Gott schmähen ...« (6,108).

Sollten Leute dabei sein, die nur um der Auseinandersetzung willen mit dem Propheten und den Gläubigen diskutieren und mit den Versen Gottes ihren Spott treiben wollen, so soll man vermeiden, mit ihnen zu streiten, bis sie ein anderes Thema einbringen (6,68; 4,140), oder man soll sie einfach stehen lassen (6,70).

Wenn die Gegner mit dem Propheten in eine harte Diskussion über die Echtheit seiner Botschaft und die Berechtigung seines Weges treten wollen, so soll er solche unnütze Dispute vermeiden; er soll sie auf Gott verweisen, denn ihm gehört die letzte Entscheidung über alle Angelegenheiten der Menschen am Tag der allgemeinen Abrechnung (vgl. 22,67–69). Er, der Prophet, hat lediglich die eine Pflicht, die ihm eingegebene Offenbarung zu verkünden und die an ihn ergangene Ermahnung den Menschen vorzutragen, ohne zu meinen, er würde sie auf jeden Fall zum Glauben führen und ihren Widerstand brechen können (vgl. 27,91–92; 16,82; 29,18; 42,48 ...).

Gott allein besitzt die Macht, die Menschen rechtzuleiten: »Willst du denn die Tauben hören lassen oder die Blinden und die, die sich in einem offenkundigen Irrtum befinden, rechtleiten?« (43,40; vgl. 27,80–81; 10,42–43; 6,39). »Du kannst nicht rechtleiten, wen du gern möchtest. Gott ist es, der rechtleitet, wen Er will. Er weiß besser, wer der Rechtleitung folgt« (28,56; vgl. 16,37; 30,52–53; 2,272; 4,88).

Aktiver Einsatz

Aber der Prophet trifft bei den Menschen auf aktiven Widerstand, Feindseligkeit und sogar aggressive Gewalttätigkeit. Muhammad wird so aufgefordert, sich für Gott und die Gemeinschaft der Gläubigen einzusetzen.

Die Haltung der Ungläubigen wird folgendermaßen beschrieben: »Und wenn ihnen unsere Zeichen als deutliche Beweise verlesen wer-

den, dann erkennst du im Gesicht derer, die ungläubig sind, die Miss-
billigung. Am liebsten würden sie über die herfallen, die ihnen unsere
Zeichen verlesen …« (22,72).

Sie richten auf der Erde viel Unheil an (13,25; 2,27; 7,56) und versuchen sogar, die Gläubigen vom Weg Gottes abzubringen (2,217). Sie
suchen die Menschen vom Weg Gottes abzuhalten (7,45; vgl. denselben Vorwurf gegen die Juden: 4,160). Die Gläubigen ihrerseits brauchen sich nicht auf die für ihre Gegner bereitgestellte Höllenstrafe
(22,72) zu vertrösten. Sie können und dürfen die ihnen angetane Gewalttätigkeit zurückweisen. Denn Gott gibt seinen Gesandten Gewalt
über die Menschen (vgl. 59,6), und er hat selbst erklärt: »Gott hat vorgeschrieben: ›Siegen werde Ich, Ich und meine Gesandten.‹ Gott ist
stark und mächtig« (58,21; vgl. 5,56).

Gott und sein Prophet Muhammad werden, so der Koran, nicht nur
am Tag der Endabrechnung gewinnen, sondern auch schon hier auf Er-
den. Gott will der von ihm für die Menschen bestimmten Religion, dem
Islam, den Sieg über alle anderen Religionen verleihen (61,9; 48,28;
9,33). So wird es wohl die Aufgabe Muhammads und seiner Gemeinde
sein, die Rechte Gottes bei den Menschen zur Geltung zu bringen, den
Sieg des Islams zu sichern. Die Muslime werden deshalb aufgefordert,
sich für die Sache Gottes einzusetzen. Das ist die Proklamation des Djihad, der Pflicht, für Gott und seine Religion einzutreten und sich um
seine Vorherrschaft in der Welt zu bemühen: »Und setzt euch für Gott
ein, wie der richtige Einsatz für Ihn sein soll …« (22,78).

Die Grundeinstellung bei diesem Einsatz war damals die Folgende:
»Muhammad ist der Gesandte Gottes. Und diejenigen, die mit ihm
sind, sind den Ungläubigen gegenüber heftig, gegeneinander aber
barmherzig …« (48,29). »O ihr, die ihr glaubt, kämpft gegen diejenigen von den Ungläubigen, die in eurer Nähe sind. Sie sollen von eurer
Seite Härte spüren …« (9,123; vgl. 66,9; 9,73). »Gott liebt die, die auf
seinem Weg kämpfen in einer Reihe, als wären sie ein festgefügter
Bau« (61,4).

Diese Härte erklärt sich durch die tödliche Bedrohung durch die
mekkanischen Gegner und deren Verbündete. Die Begründung für

diese Anweisung wird wie folgt formuliert: »Sie wollen das Licht Gottes mit ihrem Mund auslöschen. Aber Gott wird sein Licht vollenden, auch wenn es den Ungläubigen zuwider ist. Er ist es, der seinen Gesandten mit der Rechtleitung und der Religion der Wahrheit gesandt hat, um ihr die Oberhand zu verleihen über alle Religion, auch wenn es den Polytheisten zuwider ist« (61,8–9; vgl. fast wörtlich wieder 9,32–33).

Anliegen der Gemeinschaft

Diese letzte Haltung und die sich daraus ergebenden Anweisungen des Korans bilden die Grundlage der endgültigen Bestimmungen des islamischen Gesetzes in Bezug auf die Religionsfreiheit und das Verhältnis der islamischen Gemeinschaft zu den Nicht-Muslimen. Sie bilden auch über die Zeit des Propheten Muhammad und der islamischen Frühgemeinde in Medina hinaus das Fundament der klassischen Gesetzestheorie im Mittelalter und grundsätzlich auch bis in unsere Tage hinein.

Diese Bestimmungen sind von zwei Hauptanliegen inspiriert: Wahrung und Verbreitung des Glaubens, Wahrung und Festigung der Einheit der Gemeinschaft.

Die konstitutiven Elemente der islamischen Gemeinschaft sind nach dem Koran der Glaube und der Gehorsam gegenüber dem Willen Gottes.

Alle Muslime glauben einmütig an den einen, einzigen Gott. Sie glauben alle einmütig an seinen Gesandten Muhammad. Sie nehmen alle die Lehre und die Vorschriften des Korans als Ausdruck der Offenbarung und des Willens Gottes an. Sie haben alle eine gemeinsame Religion, die es im Leben zu verwirklichen gilt.

Gerade dieser gemeinsame Glaube und diese gemeinsame Religion konstituierten die Muslime als Gemeinschaft, mehr noch als eine von Gott direkt rechtgeleitete und vom Propheten Muhammad direkt rechtgeführte Gemeinschaft ... als die »beste Gemeinschaft« in der Welt (3,110).

So bemüht sich der Koran immer wieder mit Ausdauer und gro-
ßem Eifer um die Gestalt dieser besten Gemeinschaft, die auf der
Wahrheit des Wortes Gottes gründet und das richtige Verhalten findet.

Die Sorge um die wahre Religion und das richtige Verhalten versteht
sich u. a. aus der Notwendigkeit, die der Prophet Muhammad und seine
Gemeinde sahen, ihre religiöse Identität gegenüber Juden und Christen
abzugrenzen. Diese Suche nach der eigenen Identität tritt in den Versen
zutage, in denen der Koran ein neues Kennzeichen der entdeckten und
behaupteten Identität der islamischen Gemeinschaft bestätigt und
gegen die Kritik der Gegner durchsetzt. Durch die Festsetzung der Gebetsrichtung nach Mekka wurde die Gemeinde ihrer eigenen Selbständigkeit bewusst und gewann gegenüber Juden und Christen ihre Bewe-
gungs- und Handlungsfreiheit (vgl. 2,135–152).

Das zweite Grundanliegen des Korans in Bezug auf die islamische
Gemeinschaft ist die Wahrung der Einheit der Gemeinde. Diese Einheit
wird nach dem Koran durch den ungeteilten Gehorsam der Gläubigen
und durch die Gestaltung ihres gemeinsamen Lebens nach den Verordnungen der Gesetze Gottes erreicht und gefördert. Denn schon am Anfang, in den frühen Generationen der Menschheit, hatten der eine gemeinsame Glaube und der eine gemeinsame Gehorsam die Menschen
zu einer geeinten Gemeinschaft zusammengeschlossen. Erst der Unglaube und die Selbstsucht der Menschen spalteten die ursprüngliche
Gemeinschaft in verschiedene Gruppen und Konfessionen, Richtungen
und Parteien. Die Menschen vertraten nunmehr verschiedene Meinun-
gen und gingen ihre eigenen Wege, sie bekämpften sich sogar gegenseitig. Das Gesetz Gottes wurde für sie immer dunkler. Eine der Aufgaben
der Propheten in jeder Periode besteht darin, nach Möglichkeit diese
ursprüngliche Einheit wiederherzustellen, die Meinungsverschiedenhei-
ten zu beseitigen, Klarheit über strittige Fragen zu bringen und die
Menschen zum Gehorsam gegenüber Gott und seinem Willen zurück-
zuführen: »Die Menschen waren eine einzige Gemeinschaft. Dann ließ
Gott die Propheten als Freudenboten und Warner erstehen. Er sandte
mit ihnen das Buch mit der Wahrheit herab, damit es zwischen den
Menschen über das urteile, worüber sie uneins waren ...« (2,213).

In diesem Rahmen sieht der Koran auch die Aufgabe des Propheten Muhammad: »… Nun hat Gott die, die glauben, mit seiner Erlaubnis zu der Wahrheit geleitet, über die sie uneins waren. Und Gott führt, wen Er will, zu einem geraden Weg« (2,213; vgl. 10,25; 2,142; 24,46).

Der Koran weiß aber auch, dass es den Propheten nicht immer gelingt, Spaltung, Unglauben und Frevel bei ihren Landsleuten zu überwinden. Im Gegenteil, die Geschichte der Propheten zeigt, dass diese immer wieder auf den Widerstand der Menschen gestoßen sind. Viele von ihnen mussten sogar Verfolgung und Schmähung erleiden. So muss Muhammad die Lehre daraus ziehen und sich bemühen, die Einheit seiner Gemeinde zu wahren. Er zeichnet den Gläubigen den Weg vor und warnt sie: »Und dies ist mein Weg, er ist gerade. Folgt ihm. Und folgt nicht den verschiedenen Wegen, dass sie euch nicht in verschiedene Richtungen von seinem Weg wegführen. Dies hat Er euch aufgetragen, auf dass ihr gottesfürchtig werdet« (6,153).

Muhammad muss nicht nur diese Einheit der Gemeinde empfehlen, er muss sie auch durch sein Verhalten gewährleisten und vor Angriffen und Spaltungsversuchen schützen. Er muss auch versuchen, diese Einheit so zu stärken und auszubauen, dass die Grenzen der vereinten Gemeinschaft der Gläubigen sich bis hin zu den Grenzen der Welt ausdehnen können. Er weiß zwar, dass dies in erster Linie vom Willen Gottes abhängt und dass es die erste Aufgabe der islamischen Gemeinschaft ist, im Wettstreit mit den anderen Gemeinschaften um die guten Dinge ihre Vorrangstellung auszubauen: »… Und wenn Gott gewollt hätte, hätte Er euch zu einer einzigen Gemeinschaft gemacht. Doch will Er euch prüfen in dem, was Er euch hat zukommen lassen. So eilt zu den guten Dingen um die Wette …« (5,48; vgl. 2,148).

Wettstreit bedeutet jedoch nicht, dass man die Andersgläubigen – und noch weniger die Ungläubigen – als gleichberechtigt neben der islamischen Religionsgemeinschaft gelten lässt. Die Einheit und die Vorrangstellung der Religion Gottes muss gegen den Einfluss der Heuchler und Zauderer in den eigenen Reihen und gegen den Einfluss der Nicht-Muslime von außen verteidigt werden. Das ist der Sinn vieler Bestimmungen und Verordnungen des Korans, wie weiter unten

noch besprochen wird. Es gilt zwei Grundsätze zu beachten: Der erste
definiert den Zustand, den die Gemeinschaft auf jeden Fall vermeiden
soll: »... Und ihr sollt nicht zu den Polytheisten gehören, zu denen, die
ihre Religion spalteten und zu Parteien wurden, wobei jede Partei froh
ist über das, was sie hat« (30,31–32; vgl. 21,93; 42,13–14; 6,159;
3,103.105).

Der zweite Grundsatz definiert das Ziel, das Gott den Bemühungen
der Gemeinschaft bestimmt hat: »Er ist es, der seinen Gesandten mit
der Rechtleitung und der Religion der Wahrheit gesandt hat, um ihr
die Oberhand zu verleihen über alle Religion, auch wenn es den Polytheisten zuwider ist« (9,33; vgl. 48,28; 61,8–9).

Dieser Sieg sichert, dass die Religion Gottes alle Völker und alle
Menschen erreicht, damit sie alle die Rechte Gottes beachten und ihr
Leben nach dem Modell, besser: innerhalb der glaubenstreuen Ge-
meinschaft gestalten.

2. Religionsfreiheit

Der Glaube ist die Grundlage der Gemeinschaft. Jeder Einfluss, der
den Glauben in Frage stellt oder gefährdet, jede Beziehung, die die
Reinheit des Glaubens beeinträchtigt, und jede Haltung, die sich gegen
die Annahme des Glaubens stellt oder den bereits angenommenen
Glauben verleugnet, ist von vornherein verdächtig, gefährlich, unzu-
lässig und verboten.

Annahme des Glaubens

Die Position des Korans im Hinblick auf die Annahme des Glaubens
durch den Menschen und in Bezug auf die allgemeine Religionsfreiheit
ist durch zwei scheinbar gegensätzliche Feststellungen beherrscht und
durch zwei entsprechende Haltungen gekennzeichnet.

Muhammad musste immer wieder erleben, dass er trotz eindeuti-
ger Argumente und einsichtiger Ermahnungen nicht in der Lage war,

die Polytheisten und die Besitzer einer Offenbarungsschrift, vornehmlich die Juden und die Christen, zum Islam zu bekehren. Er kam daher immer stärker zu der Überzeugung, dass der Glaube bzw. der Unglaube Bestimmung der Allmacht Gottes sei. Diese Überzeugung fand ihren Ausdruck in vielen koranischen Versen: »Wenn dein Herr wollte, würden die, die auf der Erde sind, alle zusammen gläubig werden. Bist du es etwa, der die Menschen zwingen kann, gläubig zu werden?« (10,99; vgl. 32,13; 16,19; 6,35.149; 13,31). »Denen, die ungläubig sind, ist es gleich, ob du sie warnst oder ob du sie nicht warnst; sie glauben nicht. Versiegelt hat Gott ihre Herzen und ihr Gehör, und über ihrem Augenlicht liegt eine Hülle. Und bestimmt ist für sie eine gewaltige Pein« (2,6–7; vgl. 18,57; 32,13–14; 45,23; 6,25).

Von der Rechtleitung und der Irreführung durch Gott sprechen zahlreiche Koranstellen: »… Gott führt irre, wen Er will, und wen Er will, den bringt Er auf einen geraden Weg« (6,39; vgl. 16,93; 14,4; 35,8; 7,178; 6,125; 2,23.142). »Wen Gott irreführt, der hat niemanden, der ihn rechtleiten könnte …« (7,186; vgl. 18,17; 17,97; 39,23.37; 13,33).

Muhammad weiß: »Und wem Gott kein Licht verschafft, für den gibt es kein Licht« (24,40). So ist er über den Unglauben seiner Landsleute voll Traurigkeit (6,33). Doch, so tröstet ihn der Koran, soll er sich dieser Traurigkeit nicht hingeben (36,76; 16,127; 27,70; 31,23; 35,8; 10,65), denn die Ungläubigen »können Gott nicht schaden« (3,176; vgl. 11,57; 47,32; 3,144–9,39). Im Übrigen erleidet Muhammad dabei das Los aller seiner Vorgänger, der Propheten, die alle ihre Gegner hatten (25,31). So soll Muhammad seiner Sendung treu bleiben, Gott wird ihn schützen (46,18–19; 18,27; 29,45; 5,67). Für den Unglauben der Menschen, für ihren Ungehorsam und ihre verkehrte Handlungsweise trägt er keine Verantwortung (26,216; 11,35; 28,55; 42,15; 10,41; 34,25; 2,139). Er darf sich ruhig von ihnen abwenden und sie Gottes Urteil überlassen: »Wende dich nun ab von dem, der sich von unserer Ermahnung abkehrt und nur das diesseitige Leben will. Das ist, was sie vom Wissen erreicht haben. Dein Herr weiß besser, wer von seinem Weg abirrt, und Er weiß besser, wer der Rechtleitung folgt« (53,29–30; vgl. 37,174.178; 15,94; 43,83; 32,30).

Angesichts dieser Situation, die das Geheimnis des Gewissens, der menschlichen Freiheit und der göttlichen Allmacht ausdrückt, gilt der bereits oben erwähnte Grundsatz: »Es gibt keinen Zwang in der Religion …« (2,256).

Die zweite Feststellung, die die Position des Korans in Bezug auf die Religionsfreiheit betrifft, geht davon aus, dass der Glaube möglich ist und dass alle Menschen die Pflicht haben, zu glauben und dem Willen Gottes zu gehorchen.

Das ist eine Folge der Lehre von der Uroffenbarung und dem Urpakt. Die von den Propheten immer wieder einheitlich verkündete Offenbarung ist ja keine je neue Wahrheit, sondern vielmehr eine eindringliche Erinnerung an die ursprüngliche Offenbarung, die Gott allen Menschen zuteil werden ließ, und eine Mahnung zur Treue der ursprünglichen Verpflichtung gegenüber, die Gott den Menschen in ihren vorzeitlichen Anfängen auferlegt hat. Die Botschaft der Propheten ist also ein immer wieder abgegebenes Zeugnis für die Uroffenbarung und eine Bestätigung des bestehenden Urpaktes.

Die vorzeitliche Offenbarung wird im Koran in folgender Form dargestellt: »Und als dein Herr aus den Lenden der Kinder Adams ihre Nachkommenschaft nahm und gegen sich selbst zeugen ließ: ›Bin Ich nicht euer Herr?‹ Sie sagten: ›Jawohl, wir bezeugen es‹ …« (7,172).

Somit wird festgestellt, dass der Glaube an den einen, einzigen Gott und die Anerkennung seiner Souveränität und Herrschaft im Herzen eines jeden Menschen eingepflanzt ist. Obwohl viele Menschen sich nur schwer für den Glauben öffnen und sie sich von Gott und seinen Wegen aus verschiedenartigen Gründen abbringen lassen, bleibt doch die Spur der Offenbarung so tief im Menschen verwurzelt, dass ihm der Zugang zur Gotteserkenntnis nie endgültig versperrt wird. Wer ein ehrliches Herz, ein reines Auge, einen einsichtigen Verstand besitzt, kommt zur Erkenntnis Gottes. Denn die Zeichen Gottes sind so zahlreich und so deutlich in seiner Schöpfung vorhanden, dass man sie als Hinweis auf Gottes Allmacht und Vorsehung verstehen kann (vgl. 2,164; 6,99; 24,44; 30,22; 43,3; auch 2,163–165; 3,190; 13,2–3; 24,43–44; 41,37; siehe besonders 30,17–25).

Wenn also die Uroffenbarung im Herzen des Menschen so tief verwurzelt ist, wenn sie zudem die menschliche Vernunft nicht vergewaltigt, sondern noch verständiger und einsichtiger macht, dann gehört die Erkenntnis Gottes und die Anerkennung seiner Herrschaft zu den natürlichen Anlagen eines jeden Menschen. Und der Islam, der sich darauf beschränkt, dieses Zeugnis des Glaubens wachzuhalten, wird die »schöpfungsgemäße Religion« (30,30) genannt.

Die ursprüngliche Offenbarung beinhaltet nicht nur die Aufforderung, an Gott zu glauben, sondern auch, seine Souveränität anzuerkennen. So nahm Gott von den Menschen die Verpflichtung entgegen, ihm allein zu dienen. In diesem Urpakt antworten die Menschen auf die Offenbarung Gottes mit dem totalen Gehorsam des Glaubens und der totalen Hingabe in seinen absoluten Willen: »Habe Ich euch, o ihr Kinder Adams, nicht auferlegt, ihr sollt nicht dem Satan dienen – er ist euch ja ein offenkundiger Feind –, ihr sollt Mir dienen – das ist ein gerader Weg?« (36,60–61).

So gibt es keine Entschuldigung für die Verweigerung des Glaubens und des Gehorsams (vgl. 7,172–173), insbesondere da die Propheten jedem Volk die Botschaft erneut überbracht haben: Sie öffneten den Menschen die Augen für die Zeichen der Schöpfung und der Geschichte, sie versuchten, sie von ihren Irrwegen ins Licht zu führen, sie mahnten sie, Gott zu gehorchen.

Ablehnung des Glaubens

Auf die Ablehnung des Glaubens zeigt der Koran verschiedene Reaktionen, je nachdem, ob es sich um die Muslime, die Polytheisten oder die Leute der Schrift handelt.

Die Muslime

Für die Gläubigen, die den Islam angenommen haben, bilden der Glaube und das Gesetz des Korans als Ausdruck des Willens Gottes die Mitte ihres Lebens, sie verpflichten die Einzelnen und die Gemeinschaft. Der Glaube bedingt alle anderen Dimensionen des Lebens und des Handelns der Muslime, er verleiht ihren Werken ihren Bestand und ihren Wert.

Der Unglaube macht nämlich alle Werke der Menschen hinfällig und wertlos, sagt der Koran (7,147; 2,217; 33,19). Dies gilt sowohl für die Verdienste der Taten in diesem Leben wie für die Abrechnung im Jenseits: »Denen, die ungläubig sind und vom Weg Gottes abweisen [abhalten], lässt Er ihre Werke fehlgehen« (47,1); er nimmt die Spenden der Ungläubigen nicht an (9,54); und wenn sie in ihrem Unglauben sterben, wird er ihnen nicht vergeben (47,34; 2,161; 4,18). Ihr Los ist die Höllenstrafe. Das gilt gleichermaßen von den abtrünnigen Muslimen: »... Diejenigen von euch, die sich nun von ihrer Religion abwenden und als Ungläubige sterben, deren Werke sind im Diesseits und im Jenseits wertlos. Das sind die Gefährten des Feuers; sie werden darin ewig weilen« (2,217).

So wird der Abfall vom Glauben im Koran als absolute Schuld angesehen, er ist die schwerste Sünde, die der Mensch je begehen kann. Der Koran findet geißelnde Worte für diejenigen, die ihren islamischen Glauben ablegen: »... die ungläubig geworden sind, nachdem sie gläubig waren ... Gott leitet die ungerechten Leute nicht recht. Die Vergeltung für sie ist, dass der Fluch Gottes und der Engel und der Menschen allesamt über sie kommt ... nicht die Erde voll Gold würde von einem von ihnen angenommen, auch wenn er sich damit loskaufen wollte ... und sie werden keine Helfer haben« (3,86–91).

»Wer Gott verleugnet, nachdem er gläubig war – außer dem, der gezwungen wird, während sein Herz im Glauben Ruhe gefunden hat –, nein, diejenigen, die ihre Brust dem Unglauben öffnen, über die kommt ein Zorn von Gott, und bestimmt ist für sie eine gewaltige Pein. Dies, weil sie das diesseitige Leben mehr lieben als das Jenseits und weil Gott die ungläubigen Leute nicht rechtleitet« (16,106–107; vgl. 2,217 oben zitiert; 4,137; 5,5).

Für diesen Abfall vom Glauben, der keine Entschuldigung hat, bestimmt der Koran für die Ungläubigen, wie es die oben angegebenen Stellen betonen, die Strafe Gottes. Er legt jedoch keine genaue diesseitige Strafe fest. Dagegen sieht die Tradition hierfür die Todesstrafe vor.

Die Tradition beruft sich auf eine Anordnung Muhammads selbst und auf folgende Koranstelle, die zwar direkt die Heuchler betrifft, aber auch auf die Abtrünnigen anwendbar sei: »... Wenn sie sich abkehren, dann greift sie und tötet sie, wo immer ihr sie findet, und nehmt euch niemanden von ihnen zum Freund oder Helfer« (4,89).

Auch Muhammad habe sich in diesem Sinn geäußert: »Wer seine Religion wechselt, der tötet« (Bukhari). Und: »Das Blut eines Muslims ist nur in drei Fällen freigegeben: bei Apostasie nach dem Glauben, bei Unzucht nach legitimer Eheschließung und bei einem nicht als Blutrache verübten Mord« (Bukhari, Muslim ...). Die Tradition des Islams berichtet über das Zeugnis von frühislamischen Männern, die Ähnliches von Muhammad berichtet haben und bestätigt haben, dass er für die Apostasie die Todesstrafe festgesetzt hat.

Für die Muslime, die schon gläubig geworden sind, gibt es also im Prinzip keine Religionsfreiheit. Der offizielle Islam erkennt hier die Freiheit des Gewissens nicht an. Er billigt dem Muslim die Möglichkeit nicht mehr zu, den einmal angenommenen Glauben weiter zu behalten oder aber abzulegen.

Die Ungläubigen

Nicht nur der Abfall vom Glauben vonseiten der Gläubigen, sondern auch der Unglaube der Polytheisten ist in den Augen des Korans nicht zu entschuldigen. Auch er verdient die Strafe Gottes: »Und sprich: Es ist die Wahrheit von eurem Herrn. Wer nun will, möge glauben, und wer will, möge ungläubig sein. Wir haben denen, die Unrecht tun, ein Feuer bereitet, dessen Zeltdecke sie umschließt« (18,29).

Auch wenn man meint, dass der Unglaube der Polytheisten die Folge der Bestimmung Gottes sei, so bedeutet diese Bestimmung, dass Gott sie damit zur Strafe verurteilt hat und sie der Bestrafung durch die Gläubigen preisgibt.

Die Muslime sind also gehalten, die Ungläubigen zum Glauben, zur Annahme des Islams und zum Gehorsam gegenüber dem Gesetz Gottes aufzurufen. Bekehren sie sich, so müssen sie als Glaubensbrüder betrachtet und als solche auch behandelt werden. Verweigern sie aber

den Glauben, so sind sie der islamischen Gemeinschaft als Beute freigegeben. Auf sie ist folgende Anweisung anwendbar: »Wenn sie umkehren, das Gebet verrichten und die Abgabe entrichten, dann sind
sie eure Brüder in der Religion ... Wenn sie aber nach Vertragsabschluss ihre Eide brechen und eure Religion angreifen, dann kämpft
gegen die Anführer des Unglaubens ...« (9,11–12).

Auch im Fall der Ungläubigen gilt der Grundsatz: Es gibt keine Religionsfreiheit für einen nicht entschuldbaren totalen Unglauben.

Die Andersgläubigen

Die Andersgläubigen sind diejenigen, wie die Juden und die Christen,
welche Anhänger einer Offenbarungsreligion sind, die vom Koran anerkannt wird. Sie sind Gläubige, verweigern aber den totalen Glauben an
den Islam als die nach dem Koran von Gott gewollte endgültige Religion.

Den Juden wirft der Koran vor, dass sie immer wieder den Propheten Gottes den Glauben und die Gefolgschaft verweigern, mehr noch,
dass sie immer wieder die Propheten »zu Unrecht töteten« (4,155; vgl.
2,61.91; 3,112). Sie haben auch an Jesus Christus nicht geglaubt (vgl.
61,14; 3,52 ff). Die Juden, so formuliert der Koran seine Vorwürfe,
lehnen den Islam aus Hochmut (2,87), aus Egoismus (2,87; 5,70)
und aus Vertrauen in die eigene Macht und den eigenen Reichtum
(3,181) ab. Noch schlimmer: Sie suchen, die Gläubigen zu verführen
und vom Glauben abzubringen – aus Neid gegen die Barmherzigkeit,
die Gott anderen Menschen erwiesen hat: »Viele von den Leuten des
Buches möchten gerne euch, nachdem ihr gläubig geworden seid, wieder zu Ungläubigen machen, da sie von sich aus Neid empfinden ...«
(2,109; vgl. 11,18–19; 14,2–3; 7,44–45; 3,69.99.100; 4,161; 9,34).

Um ihrem Unglauben eine Grundlage zu verleihen, befleißigen sich
die Juden, die ihnen geschenkte Schrift zu vergessen (7,165), oder wenigstens einen Teil davon (5,13). Sie halten die Offenbarung Gottes
verborgen (3,187), oder wenigstens einen Teil davon (6,91). Einige
von ihnen verheimlichen den Inhalt der ihnen anvertrauten Schrift
(2,146). Noch mehr: Sie manipulieren und verfälschen die Schrift
(2,75; 4,46; 5,13.41).

Vor einer solchen Hartnäckigkeit im Unglauben (vgl. 4,46) steht Muhammad ratlos. Er kann sich nur noch zu Gott, seinem einzigen Sachwalter, wenden und offen feststellen: »Siehe, ihr liebt sie, sie aber lieben euch nicht. Ihr glaubt an das gesamte Buch ... Wenn euch Gutes widerfährt, tut es ihnen leid, und wenn euch Schlimmes trifft, freuen sie sich darüber. Wenn ihr euch geduldig und gottesfürchtig zeigt, wird ihre List euch nichts schaden. Gott umgreift, was sie tun« (3,119–120).

Gegen den Absolutheitsanspruch des Judentums und des Christentums (siehe die oben zitierten Stellen 2,111.135) stellt der Koran den Anspruch des Muhammad, der letzte Prophet, »das Siegel des Propheten« (33,40) zu sein, und den Anspruch des Islams, die einzig wahre Religion zu sein: »Die Religion bei Gott ist der Islam ...« (3,19; vgl. 5,3).

Diese Aussagen des Korans zeigen eines sehr deutlich: Der Koran erkennt den Juden und den Christen einen gültigen Teil-Glauben zu, er bezichtigt sie aber auch des Teil-Unglaubens. Wegen ihres Teil-Glaubens werden sie nicht wie die Ungläubigen behandelt, sondern wie Andersgläubige. Wegen Ihres Teil-Unglaubens trifft sie jedoch eine Teil-Schuld, und sie werden einer Teil-Strafe unterworfen.

In Bezug auf die Juden und Christen, sowie auf andere Besitzer einer Offenbarungsschrift, gilt der Grundsatz: Sie dürfen eine relative Religionsfreiheit genießen. Ihnen wird unter bestimmten Bedingungen zugestanden, ihre eigene Religion beizubehalten und ihr Leben danach zu führen und in eigener Verantwortung zu gestalten.

3. Beziehungen zu den Nichtgläubigen

Die Handlungen Muhammads, seine Aussprüche und die Bestimmungen, die er für seine Gemeinde in Medina und ihre Verbündeten erlassen hat, sind eine unangefochtene Grundlage des islamischen Gesetzes, der eine große Autorität zuerkannt wird. Man müsste die Angaben der islamischen Tradition diesbezüglich noch einer kritischen Untersuchung unterziehen, um die wirklichen Tatsachen herauszuarbeiten

und die späteren Zusätze festzustellen, die in die Überlieferung hinein-
gebracht wurden, um einen bestimmten Gesichtspunkt oder eine ge-
setzliche Verordnung der späteren Zeit zu rechtfertigen. Da jedoch
die islamischen Rechtsgelehrten der klassischen Zeit und auch die
heutigen Autoren diese Überlieferungen ernst nehmen, als Tatsachen-
berichte betrachten und sie darum der Ausarbeitung der rechtlichen
Bestimmungen zugrundelegen, verzichten wir hier im Allgemeinen
auf diese kritische Untersuchung. Wir geben das wieder, was die islamische Tradition als rechtserheblich und rechtsbegründend ansieht.

Wie sich Muhammad gegenüber den Polytheisten, den Juden und
den Christen seiner Umgebung verhielt, hing von den politischen Umständen ab. Auch bedingte die Haltung dieser Gruppen jeweils die Reaktion Muhammads ihnen gegenüber mit. So ist es unmöglich, in diesen Beziehungen die konsequente Realisierung eines Programms
wiederfinden oder einen einheitlichen Typ mit deutlichen Rechtfer-
tigungsgründen feststellen zu wollen. Was aber als allgemeine Hand-
lungslinie im Verhalten Muhammads entdeckt werden kann, ist seine
Sorge um die Erhaltung der Existenz seiner Gemeinde in Medina und
die Zurückweisung der Angriffe seiner Feinde aus Mekka – ob sie nun
aus den eigenen Reihen oder aus der weiteren Umgebung kamen. In
einer zweiten Phase war es das ausgesprochene Anliegen Muhammads,
die Vorherrschaft des Islams auf der Arabischen Halbinsel zu sichern.
Denn alle, vornehmlich die arabischen Stämme, aber auch alle anderen Gemeinschaften, sollen sich dem Islam unterwerfen und sich nach
Möglichkeit zum Islam bekehren.

Wie sich dieses Ziel verwirklichen ließ, soll an einigen Beispielen
gezeigt werden. Es sei aber zunächst auf das hingewiesen, was schon
im vorigen Kapitel über die Beziehungen des Islams zu den Nicht-
Muslimen nach den Aussagen des Korans ausgeführt wurde.

Im Folgenden sollen die Beziehungen des von Muhammad geführ-
ten Medina-Staates zu den Juden, den Christen und den polytheistischen arabischen Stämmen anhand einiger Fälle geschildert werden.

Keine Gemeinschaft mit den Nichtgläubigen

Angesichts der Verstockung, der Aggressivität und der Kampfbereitschaft der Ungläubigen von Mekka gegen den Islam und die Muslime erließ der Koran zunächst einmal eine Vorschrift, die als Schutzmaßnahme verstanden werden sollte: Die Muslime sollen keine Gemeinschaft mit ihren Feinden, den Feinden Gottes und seines Propheten haben. Sie sollen ihnen ihre Gemeinschaft nicht öffnen. Dies gilt in Bezug auf den Glauben und auf das praktische Leben.

Der Koran verbietet den Muslimen, das zu essen, was ausgesprochen heidnisch ist, das Fleisch von Tieren, die unter Anrufung der Götzen geschlachtet wurden: Das sind vor allem die Opfertiere. Nur derjenige, der sich in einer Zwangslage befindet, darf davon essen (16,115; 6,145; 2,173; 5,3).

Um die Abgrenzung von den Heiden noch deutlicher zu machen, fordert der Koran die Anrufung des Namens Gottes und verschärft damit die Bestimmung: »Und esst nicht von dem, worüber der Name Gottes nicht ausgesprochen worden ist. Das ist Frevel …« (6,121).

Auch im Bereich der Familie sollen die Muslime keine Gemeinschaft mit den Heiden haben. Sie dürfen die Ungläubigen nicht durch Heirat in ihre Familien aufnehmen und sie damit zu Verwandten machen: »Und heiratet nicht polytheistische Frauen, bis sie gläubig geworden sind. Wahrlich, eine gläubige Sklavin ist besser als eine polytheistische Frau, auch wenn sie euch gefallen sollte. Und lasst die Polytheisten nicht zur Heirat zu, bis sie gläubig geworden sind. Wahrlich, ein gläubiger Sklave ist besser als ein Polytheist, auch wenn er euch gefallen sollte. Jene rufen zum Feuer. Gott aber ruft zum Paradies und zur Vergebung mit seiner Erlaubnis …« (2,221).

Der Koran gibt Anweisungen für den Fall, dass Frauen aus dem Gebiet der Polytheisten zur islamischen Gemeinschaft kommen und dann dort auch einheiraten möchten (60,10). Man soll ihren Glauben prüfen; ist das Ergebnis positiv und hat man festgestellt, dass sie keine Heidinnen mehr sind, sondern gläubige Frauen geworden sind, dann »schickt sie nicht zu den Ungläubigen zurück! Die gläubigen Frauen sind diesen nicht (zur Ehe) erlaubt, und umgekehrt ...« Die Muslime dürfen diese Frauen zu Gattinnen nehmen und sie wie die anderen gläubigen Frauen ihrer Gemeinschaft behandeln. So bringt die Konversion den neuen Gläubigen die volle Integration in die Gemeinschaft. Die Muslime, deren Frauen sich doch nicht bekehren wollen, werden angewiesen: »Und haltet nicht am Eheband mit den ungläubigen Frauen fest« (60,10).

Die Interessen der Gemeinschaft werden dadurch geschützt, dass man es vermeidet, zu freundliche Beziehungen zu den Ungläubigen zu unterhalten. Denn solche Beziehungen unterminieren die Geschlossenheit und die Kampfbereitschaft der Gemeinschaft gegen ihre Widersacher. Der Zusammenhalt der Gläubigen und die Solidarität der Gemeindemitglieder sollen dadurch zum Ausdruck kommen, dass man seine Freundschaft eher den Gläubigen als den Ungläubigen anbietet: »Die Gläubigen sollen sich nicht die Ungläubigen anstelle der Gläubigen zu Freunden nehmen. Wer das tut, hat keine Gemeinschaft mit Gott, es sei denn, ihr hütet euch wirklich vor ihnen. Gott warnt euch vor sich selbst. Und zu Gott führt der Lebensweg« (3,28; vgl. 4,144).

Der positive Ausdruck der internen Solidarität der Gemeinschaft sowie die Trennung zwischen den zwei Lagern findet sich in folgenden Versen: »Diejenigen, die glaubten und ausgewandert sind und sich mit ihrem Vermögen und mit ihrer eigenen Person auf dem Weg Gottes eingesetzt haben, und diejenigen, die (jene) untergebracht und unterstützt haben, sind untereinander Freunde ...« (8,72). »Und diejenigen, die danach geglaubt haben und ausgewandert sind und sich mit euch eingesetzt haben, sie gehören zu euch ...« (8,75).

Zum gemeinsamen Glauben kommt die gemeinsame Anstrengung im Kampf gegen die Widersacher hinzu. Somit festigt sich die innere Geschlossenheit der Gemeinschaft. Deswegen wird den Gläubigen in Medina vorgeschrieben: »... Mit denen aber, die glauben und nicht ausgewandert sind, habt ihr keine Freundschaft zu pflegen, bis sie auswandern« (8,72).

Dennoch sind die Muslime verpflichtet, ihnen beizustehen, wenn sie diesen Beistand im Namen der Religion anfordern. Eine Einschränkung gilt jedoch auch in diesem Fall: Die Muslime müssen ihre Verträge halten; sie dürfen also ihre Glaubensbrüder nicht gegen ihre jeweiligen Vertragspartner unterstützen (8,72). Denn diese Glaubensbrüder, die nicht mit der Gemeinde nach Medina ausgewandert sind, bilden noch keine mit der islamischen Frühgemeinde um Muhammad verbundene politische Gemeinschaft.

So ist der Glaube das Band der Einheit zwischen den Muslimen. Ihre vollkommene, auch politische Einheit erleben sie jedoch erst innerhalb der Gemeinschaft. So zieht der Koran eine klare Trennungslinie zwischen den Muslimen und den Ungläubigen. So wie die Gläubigen untereinander Freunde sind, so sind die Ungläubigen miteinander verbunden: »Und diejenigen, die ungläubig sind, sind untereinander Freunde ...« (8,73).

Deswegen sollen sich die Muslime an die Vorschriften des Korans halten, sonst »wird es im Land Verführung und großes Unheil geben« (8,73).

Das Verbot gilt auch in Bezug auf die Verwandten, die ungläubig sind: »Du wirst nicht feststellen, dass Leute, die an Gott und den Jüngsten Tag glauben, denen Liebe zeigen, die sich Gott und seinem Gesandten widersetzen, auch wenn sie ihre Väter wären oder ihre Söhne, ihre Brüder oder ihre Sippenmitglieder ...« (58,22; vgl. 9,23–24).

So ergeht endlich die Verordnung: »O ihr, die ihr glaubt, nehmt euch ... nicht die Ungläubigen zu Freunden ...« (5,57).

Die Begründung dieser strengen Vorschrift ist mannigfaltig. Die Ungläubigen sind ja die Feinde Gottes und die Feinde der Muslime (60,1; 8,60). Sie haben durch ihren Unglauben den Zorn Gottes auf sich gelenkt, deswegen sind sie nicht würdig, die Freunde der Gläubigen zu werden (60,13). Sie sind auch die Feinde der Muslime, denn sie halten die Abmachungen nicht ein (8,56) und sind immer wieder zum Verrat bereit (8,58).

Als Zusammenfassung dieser Bestimmungen können folgende Verse dienen:

»O ihr, die ihr glaubt, nehmt euch nicht meine Feinde und eure
Feinde zu Freunden, indem ihr ihnen Liebe entgegenbringt, wo sie
doch das verleugnen, was von der Wahrheit zu euch gekommen ist,
und den Gesandten und euch selbst vertreiben, weil ihr an Gott,
euren Herrn, glaubt. (Haltet euch daran), wenn ihr wirklich aus-
gezogen seid zum Einsatz auf meinem Weg und im Streben nach
meinem Wohlgefallen. Ihr zeigt ihnen heimlich Liebe, wo Ich doch
besser weiß, was ihr verbergt und was ihr offenlegt. Und wer von
euch das tut, der ist vom rechten Weg abgeirrt. Wenn sie euch treffen, sind sie euch feind und strecken gegen euch ihre Hände und
ihre Zungen zum Bösen aus. Sie wünschten, ihr wäret ungläubig.
Weder eure Verwandtschaftsbande noch eure Kinder werden euch
nützen. Am Tag der Auferstehung wird Gott zwischen euch entscheiden. Und Gott sieht wohl, was ihr tut« (60,1–3).

Kampf

Gegen die so beschriebenen Feinde Gottes, des Propheten und der
Muslime erklärt der Koran schließlich den Kampf. Er erhebt diesen
Kampf zur Pflicht der Gläubigen. In der Durchführung dieses Kampfes kann man verschiedene Haltungen und entsprechende Anweisungen feststellen.

Reaktion auf die Feindseligkeit der Ungläubigen

Oft ist der befohlene Kampf nur die Reaktion auf Feindseligkeiten
vonseiten der Ungläubigen. Die Ungläubigen scheinen immer wieder
ihre Macht demonstrieren zu wollen; sogar Gläubige scheinen der Ver-
suchung ausgesetzt zu sein, bei den Ungläubigen Verbündete zu suchen, um an ihrer Macht teilzuhaben. So droht der Koran den Heuchlern schmerzhafte Strafe an, weil »(sie) sich die Ungläubigen anstelle
der Gläubigen zu Freunden nehmen. Suchen sie denn bei ihnen die
Macht? Alle Macht gehört Gott« (4,139). Die islamische Gemeinschaft
wird aufgefordert, die Angriffe der Ungläubigen zurückzuschlagen
und die Verfolgung der Muslime durch entsprechende Vergeltungs-

aktionen zu beenden. So war es schon zur Zeit des israelitischen Königs Saul, betont der Koran, der hier eine Parallele zwischen der Situation damals und der Lage der islamischen Gemeinde zieht: »… Sie sagten: ›Warum sollten wir denn nicht auf dem Weg Gottes kämpfen, wo wir doch aus unseren Wohnstätten und von unseren Söhnen vertrieben worden sind?‹« (2,246).

Aber anders als die Kinder Israels damals sollen die Muslime mit Entschlossenheit, aber auch mit der nötigen Mäßigung den Kampf führen: »Und kämpft auf dem Weg Gottes gegen diejenigen, die gegen euch kämpfen … Und tötet sie, wo immer ihr sie trefft, und vertreibt sie, von wo sie euch vertrieben haben. Denn Verführen ist schlimmer als Töten. Kämpft nicht gegen sie bei der heiligen Moschee, bis sie dort gegen euch kämpfen. Wenn sie gegen euch kämpfen, dann tötet sie. So ist die Vergeltung für die Ungläubigen … Wer sich gegen euch vergeht, gegen den dürft ihr euch ähnlich vergehen, wie er sich gegen euch vergeht« (2,190–194).

Der Koran erinnert die Gläubigen immer wieder an die Übergriffe ihrer Feinde, aber auch daran, dass Gott sie vor ihnen errettet hat (vgl. 5,11). Und er verordnet als allgemeinen Grundsatz folgende Haltung und folgendes Strafmaß: »Die Vergeltung für die, die gegen Gott und seinen Gesandten Krieg führen und auf der Erde umherreisen, um Unheil zu stiften, soll dies sein, dass sie getötet oder gekreuzigt werden, oder dass ihnen Hände und Füße wechselseitig abgehackt werden, oder dass sie aus dem Land verbannt werden« (5,33).[5]

Aufgerufen werden die Muslime dazu, für die Sache Gottes zu kämpfen und gegen seine und ihre Feinde Krieg zu führen: »O ihr, die ihr glaubt, fürchtet Gott und sucht ein Mittel, zu Ihm zu gelangen, und setzt euch auf seinem Weg ein, auf dass es euch wohlergehe« (5,35).

Als Modell für diese Haltung, in der der Kampf der Muslime eigentlich nur eine Reaktion auf die Übergriffe und Feindseligkeiten der Ungläubigen ist, kann die Führung des Kampfes in den Schlachten

---

[5] Dieser Vers wird auch im islamischen Gesetz auf diejenigen angewandt, die Raubmord begehen, den Menschen Gewalt antun oder sie terrorisieren.

von Badr und Uhud gelten. Die Sure 8 beschreibt die Kriegführung bei
dieser Schlacht und liefert die Begründung für die Haltung des Propheten Muhammad und seiner Kämpfer. Die Gründe, die die Muslime
haben, gegen ihre Feinde zu kämpfen, sind folgende:

– Die Mekkaner verfolgen die kleine, schwache Gemeinde der Muslime (8,26). Diese Verfolgung drückt sich unter anderem in folgenden
Handlungen aus: »Und als diejenigen, die ungläubig sind, gegen dich
Ränke schmiedeten, um dich festzunehmen oder zu töten oder zu vertreiben …« (8,30).

– Sie hindern die Muslime daran, in der heiligen Stätte zu Mekka
zu beten (8,34; vgl. 2,214); sie versuchen, die übrigen Menschen vom
Glauben und »vom Wege Gottes« abzuhalten (8,36) und sogar, die
Gläubigen zum Abfall vom Glauben zu verführen (8,39).

– Sie brechen immer wieder bindende Abmachungen (8,57), so
dass man sich auf ihr Wort nicht mehr verlassen kann und ihren Frie-
denswillen bezweifeln muss. Man muss sich im Gegenteil immer auf
einen neuen Verrat gefasst machen (vgl. 8,58).

So ergeht der Befehl, sich vor den Ungläubigen und ihren Übergriffen zu schützen und gegen sie Krieg zu führen: »Und rüstet gegen sie,
was ihr an Kraft und an einsatzbereiten Pferden haben könnt, um damit den Feinden Gottes und euren Feinden Angst zu machen sowie
anderen außer ihnen, die ihr nicht kennt; Gott aber kennt sie« (8,60).
»Und wenn du sie im Krieg triffst, dann verscheuche mit ihnen diejenigen, die hinter ihnen stehen, auf dass sie es bedenken« (8,57).

Bedingter Krieg

Eigentlich sollte dieser Krieg nur ein bedingter Krieg sein, ein Mittel,
den Ungläubigen zu widerstehen, sie zu bestrafen und ihnen den Weg
des Glaubens und des Gehorsams zu ebnen. Deswegen werden die
Muslime gemahnt, gegenüber ihren Feinden Gerechtigkeit walten zu
lassen und keine Übertretung zu begehen (2,190), auch wenn sie
durch den Hass ihrer Feinde getroffen sind (5,2.8). Die Gläubigen sollen weiterhin die mit den Ungläubigen geschlossenen Verträge, Abkommen und Vereinbarungen respektieren (8,72; 9,4–5).

Noch mehr – und dies entspricht letztendlich ihrer Berufung, Zeugen für den Islam zu sein – sollen die Gläubigen bereit zur Versöhnung sein, sobald ihre Feinde mit ihrem gottlosen Treiben aufhören (2,193; 8,39). Desgleichen gilt es, so der Koran an den Propheten Muhammad, sich zum Frieden bereit zu erklären, sobald sich die Feinde dem Frieden zuneigen (8,61) und von ihren Übergriffen ablassen und umkehren (5,34). Denn es geht darum, lernwilligen und bekehrungsfähigen Feinden immer eine Möglichkeit bereitzuhalten, das Wort Gottes zu hören, sich eventuell zum Islam zu bekennen und somit in die Gemeinschaft der Gläubigen voll aufgenommen zu werden: »Und wenn einer von den Polytheisten dich um Schutz bittet, so gewähre ihm Schutz, bis er das Wort Gottes hört. Danach lass ihn den Ort erreichen, in dem er in Sicherheit ist ...« (9,6). »Wenn sie umkehren, das Gebet verrichten und die Abgabe entrichten, dann sind sie eure Brüder in der Religion ...« (9,11; vgl. 9,5).

Umfassender Krieg

Die wiederholte Erfahrung zeigt jedoch, dass die Mekkaner und die Feinde des Islams nicht bereit sind, ihr Wort und bindende Vereinbarungen zu halten (9,8.10.12). Sie streben, jetzt wie früher, danach, die Gläubigen zu bekämpfen und sie von ihrem Glauben abzubringen (2,217). So sollen die Muslime gegen die Ungläubigen kämpfen, und zwar um ihr Leben (vgl. 8,30), um ihren Glauben (61,8) und um ihre Einheit. Denn, so der Koran, die Verführungsversuche der Ungläubigen sind schlimmer als Mord (2,217). So befiehlt der Koran den Muslimen den Kampf, auch in unzulässigen Zeiten wie dem heiligen Monat: »Vorgeschrieben ist euch der Kampf, obwohl er euch zuwider ist« (2,216). »Und kämpft gegen sie, bis es keine Verführung mehr gibt und bis die Religion gänzlich nur noch Gott gehört« (8,39; vgl. 2,193).

Um zum Kampf zu rüsten, braucht der Prophet die Spenden der Gläubigen (vgl. unter vielen anderen Stellen: 2,261–262.270.273.274 ...). Für ihren Einsatz werden die Muslime und unter ihnen die Kämpfer im Heiligen Krieg von Gott reichlich belohnt. Vor allem aber erwartet sie das

Paradies: »Gott hat von den Gläubigen ihre eigene Person und ihr Vermögen dafür erkauft, dass ihnen das Paradies gehört, insofern sie auf
dem Weg Gottes kämpfen und so töten oder getötet werden. Das ist ein
Ihm obliegendes Versprechen in Wahrheit ...« (9,111; vgl. 2,154; 47,4–6;
3,157.169–170.195; 4,74.100).

Aber auch bei der Kriegführung wird Gott den Kämpfern beiste-
hen, er wird ihre Feinde schlagen, wie er früher noch viel stärkere
Städte zugrundegehen ließ (47,13). Für die Krieger werden Erleichte-
rungen erlassen, z. B. was die Gebetsvorschriften anbelangt (u. a.
4,101).

Der Kampf selbst wird dem Propheten und den Gläubigen zugleich
auferlegt: »O Prophet, setze dich gegen die Ungläubigen und die
Heuchler ein und fasse sie hart an. Ihre Heimstätte ist die Hölle –
welch schlimmes Ende!« (66,9). »Muhammad ist der Gesandte Gottes.
Und diejenigen, die mit ihm sind, sind den Ungläubigen gegenüber
heftig, gegeneinander aber barmherzig ...« (48,29; vgl. 5,54).

Diese Heftigkeit und diese Härte zeigen sich unter anderem darin,
dass die Muslime nicht nachlassen, wenn sie im Kampf die Oberhand
gewonnen haben (47,35). Die grundsätzliche Bedeutung des Heiligen
Krieges drückt sich in folgenden Versen aus: Es geht um Gott und die
Gemeinde, die lange unterdrückt wurde (4,75), und es geht um die
Belohnung Gottes für diejenigen, die um seinetwillen kämpfen und
dabei getötet werden oder siegen (4,74). Der Endzweck des Kampfes
wird deutlich ausgesprochen: »... ›Ihr werdet dazu aufgerufen, gegen
Leute, die eine starke Schlagkraft besitzen, zu kämpfen, es sei denn, sie
ergeben sich ...‹« (48,16).

So sind die Fronten deutlich abgesteckt: »Diejenigen, die glauben,
kämpfen auf dem Weg Gottes. Und diejenigen, die ungläubig sind,
kämpfen auf dem Weg der Götzen. So kämpft gegen die Freunde des
Satans ...« (4,76).

Und daher erklärt der Koran, »Gott ist der Polytheisten ledig, und
auch sein Gesandter« (9,3). Damit ist der totale Krieg befohlen: »Und
kämpft gegen die Polytheisten allesamt, wie sie gegen euch allesamt
kämpfen ...« (9,36).

Was dieser totale Kampf bedeutet, wird in den Versen der 9. Sure deutlich. Den Gläubigen wird befohlen, nach Ablauf der heiligen Monate die Heiden zu töten, wo immer sie sie finden: »... greift sie, belagert sie und lauert ihnen auf jedem Weg auf ...«, es sei denn, sie bekehren sich (9,5). Da sie doch keine Vereinbarungen einhalten und kein Abkommen respektieren, dürfen sie auch kein Entgegenkommen vonseiten Gottes und seines Gesandten erwarten (9,7–10), es sei denn, sie bekehren sich tatsächlich; in diesem Fall sollen sie wie Glaubensbrüder behandelt werden (9,11). Sonst erklärt der Koran: »Wenn sie aber nach Vertragsabschluss ihre Eide brechen und eure Religion angreifen, dann kämpft gegen die Anführer des Unglaubens ...« (9,12). Denn Gott hat sie den Muslimen preisgegeben: »Kämpft gegen sie, so wird Gott sie durch eure Hände peinigen, sie zuschanden machen und euch gegen sie unterstützen, die Brust gläubiger Leute wieder heil machen« (9,14).

Der Groll, den die Gläubigen gegen die Feinde hegen (9,15), zeigt sich in ihrer harten Kriegführung (9,123): Sie »haben nicht für die Polytheisten um Vergebung zu bitten, auch wenn es Verwandte wären« (9,113).

Gegen die Ungläubigen im Allgemeinen gilt folgender Grundsatz im Krieg: »Wenn ihr auf die, die ungläubig sind, trefft, dann schlagt (ihnen) auf die Nacken. Wenn ihr sie schließlich schwer niedergekämpft habt, dann schnürt (ihnen) die Fesseln fest. Danach gilt es, sie aus Gnade oder gegen Lösegeld zu entlassen. (Handelt so), bis der Krieg seine Waffenlasten ablegt ...« (47,4).

Der Krieg wird erst vom Frieden abgelöst, wenn die Ungläubigen den Islam annehmen (48,16). Denn, so lautet die wiederholte Erklärung des Korans: »Er ist es, der seinen Gesandten mit der Rechtleitung und der Religion der Wahrheit gesandt hat, um ihr die Oberhand zu verleihen über alle Religion, auch wenn es den Polytheisten zuwider ist« (9,33; vgl. 61,9; 48,28).

4. Kapitel
Muhammads Auseinandersetzung mit Juden und Christen

Muhammad erhebt den Anspruch, von Gott mit einer Botschaft an die Menschen gesandt zu sein. Diesen Anspruch bekräftigt er nicht nur vor den Polytheisten, sondern auch vor den »Leuten des Buches«, den Juden und den Christen, die in ihrem Glauben das Phänomen der prophetischen Sendung kennen und bejahen. Immer wieder stellt der Koran die Sendung Muhammads mit den vorherigen prophetischen Sendungen in eine Reihe. Wie die früheren Propheten habe auch er eine Botschaft von Gott erhalten: »Wir gaben dir eine Offenbarung, wie Wir Noach und den Propheten nach ihm offenbart haben …« (4,163). Und wie die Botschaft der früheren Gesandten, sei der Koran eine Offenbarungsschrift (vgl. unter vielen anderen Stellen: 6,114.155–157; 3,3; 5,48).

1. Muhammads Argumente

Die Versuche Muhammads, Juden und Christen von der Echtheit seiner prophetischen Sendung zu überzeugen, gründen auf folgenden Argumenten:

Der Koran steht in Kontinuität mit den früheren Offenbarungen und stimmt mit der Tora und dem Evangelium überein. Er bestätigt die heiligen Bücher, die vor ihm da waren (20,133; 35,31), vornehmlich die Tora des Mose: »Und ihm ging das Buch des Mose als Vorbild und Barmherzigkeit voraus. Und dies ist ein Buch zur Bestätigung in arabischer Sprache, um diejenigen, die Unrecht tun, zu warnen, und als Botschaft für die Rechtschaffenen« (46,12). Der Koran sieht in dieser Übereinstimmung gerade ein Argument für die göttliche Sendung Muhammads und die Echtheit seiner Botschaft

(6,92; 12,111; 46,30; 2,97.101; 3,3.81; 5,48). So gilt der koranische Aufruf: »O ihr, denen das Buch zugekommen ist, glaubt an das, was Wir hinabgesandt haben zur Bestätigung dessen, was bei euch ist ...« (4,47; vgl. 2,41.89.91).

Gerade wegen dieser angenommenen Übereinstimmung zwischen dem Koran und der Bibel beruft sich Muhammad darauf, dass die Juden seine Botschaft von ihrer Tora her wohl kennen (26,197; 2,89; 6,114); sie kennen sie, »wie sie ihre Söhne kennen« (6,20). Er wird selbst auf die Schriftgelehrten verwiesen, um sich über die göttliche Botschaft Gewissheit und Klarheit zu verschaffen (10,94).

Aufgrund dieser Übereinstimmung aller prophetischen Botschaften proklamiert der Koran die Einheit aller Offenbarungen und aller heiligen Bücher: »Sprich: Wir glauben an Gott und an das, was auf uns herabgesandt wurde, und an das, was herabgesandt wurde auf Abraham, Ismael, Isaak, Jakob und die Stämme, und an das, was Mose und Jesus und den Propheten von ihrem Herrn zugekommen ist. Wir machen bei keinem von ihnen einen Unterschied. Und wir sind Ihm ergeben« (3,84; vgl. 2,4.136; 4,150.163; 5,59).

Da die Offenbarung grundsätzlich immer den gleichen Grundinhalt aufweist, ist die Religion in all ihren verschiedenen Gestalten auch nur eine, und die Menschen werden angehalten, diese Einheit zu wahren und jede Spaltung zu meiden (42,13). Wenn man diese Grundeinheit der verschiedenen Wege in der einen Religion erkennt, kann man leidenschaftliche Streitereien und unnütze Polemiken vermeiden, denn »Gott ist unser Herr und euer Herr« (42,15; 2,139). »Unser Gott und euer Gott ist einer« (29,46).

Diese Einheit der Offenbarung und die Kontinuität zwischen den vorherigen Schriften und dem Koran wird dadurch bestätigt, dass man Muhammad, so die koranische Aussage, »in der Tora und im Evangelium verzeichnet finden« kann (7,157). Gerade diese Hinweise der Bibel auf das Auftreten Muhammads hätten diejenigen unter den »Leuten des Buches«, denen das Wissen gegeben wurde, in der Botschaft des Korans die Erfüllung der Verheißungen Gottes erkennen lassen (17,107–108; vgl. 34,6; 6,114; 2,121; 5,83–84).

Die Hinweise, die der Koran hier ausdrücklich gibt, sind folgende:
– Abraham habe um die Sendung eines arabischen Propheten gebetet: »Unser Herr, lass unter ihnen einen Gesandten aus ihrer Mitte erstehen, der ihnen deine Zeichen verliest und sie das Buch und die Weisheit lehrt und sie läutert. Du bist der Mächtige, der Weise« (2,129).
– Noch deutlicher habe Jesus die Sendung Muhammads vorausgesagt: »Und als Jesus, der Sohn Marias, sagte: ›O Kinder Israels, ich bin der Gesandte Gottes an euch, um zu bestätigen, was von der Tora vor mir vorhanden war, und einen Gesandten zu verkünden, der nach mir kommt: sein Name ist Ahmad‹« (61,6).
So ruft der Koran die Juden zum Glauben auf: »Und glaubt an das, was Ich hinabgesandt habe zur Bestätigung dessen, was bei euch ist. Und seid nicht die Ersten, die es verleugnen« (2,41; vgl. 4,47).

2. Der Widerstand der Leute des Buches

Aber Juden und Christen blieben zurückhaltend. Vor allem die Juden mochten nicht an Muhammad glauben: »Und wenn zu ihnen gesagt wird: ›Glaubt an das, was Gott herabgesandt hat‹, sagen sie: ›Wir glauben an das, was auf uns herabgesandt wurde.‹ Sie verleugnen aber, was nachher kam, obwohl das die Wahrheit ist, das bestätigt, was bei ihnen ist …« (2,91).
Bei den Christen meint der Koran, Anzeichen einer positiveren Haltung feststellen zu können. Einige von ihnen hätten an die koranische Botschaft geglaubt (28,53; 17,107–109); sie sind der bessere Teil der Schriftbesitzer (3,113–115). Die freundlichsten Worte, die der Koran für die Christen findet, sind folgende:

> »Du wirst sicher finden, dass unter den Menschen diejenigen, die den Gläubigen am stärksten Feindschaft zeigen, die Juden und die Polytheisten sind. Und du wirst sicher finden, dass unter ihnen diejenigen, die den Gläubigen in Liebe am nächsten stehen, die sind,

welche sagen: ›Wir sind Christen.‹ Dies deshalb, weil es unter ihnen
Priester und Mönche gibt und weil sie nicht hochmütig sind. Wenn
sie hören, was zu dem Gesandten herabgesandt wurde, siehst du
ihre Augen von Tränen überfließen wegen dessen, was sie nun von
der Wahrheit kennen. Sie sagen: ›Unser Herr, wir glauben. Ver-
zeichne uns unter den Zeugen. Warum sollten wir nicht an Gott
glauben und an das, was von der Wahrheit zu uns gekommen ist,
und nicht erhoffen, dass unser Herr uns Eingang gewährt mit den
rechtschaffenen Leuten?‹ Nun belohnt sie Gott für das, was sie
gesagt haben mit Gärten, unter denen Bäche fließen; darin werden
sie ewig weilen. Dies ist die Entlohnung der Rechtschaffenen«
(5,82–85).

Die Haupteinwände der Leute des Buches, vor allem der Juden, gegen
die Echtheit der göttlichen Sendung Muhammads können nach dem
Koran folgendermaßen zusammengefasst werden. Sie streiten mit Muhammad über die Verse, die er als Offenbarung Gottes angibt, »ohne
dass sie eine Ermächtigung erhalten hätten« (40,35.56); sie »haben in
ihrer Brust nichts als Überheblichkeit« (40,56); sie »erregen damit großen Abscheu bei Gott und bei denen, die gläubig sind« (40,35), und
beweisen damit nur ihren hartnäckigen Unglauben (40,4).

Die Leute des Buches selbst meinen jedoch, dass sie trifftige Einwände vortragen können. Sie vermissen bei Muhammad die nötigen
bzw. hilfreichen Beglaubigungswunder (vgl. 98,1). Sie fordern, dass
der Prophet »auf sie ein Buch vom Himmel herabsenden lässt« (4,153;
vgl. 98,2–3), oder sie behaupten: »Gott hat uns auferlegt, an keinen
Gesandten zu glauben, bis er uns ein Opfer bringt, das das Feuer ver-
zehrt« (3,183).[1]

Auf diese Forderung antwortet der Koran, dass Gott zur Zeit Moses
solche Ansprüche bestraft hat (4,153), dass die Vorfahren der Juden
auch bei Feuerwundern den Glauben an die Propheten doch nicht ge-

---

[1] Vgl. Brandopfer des Propheten Elija: 1 Könige 18; Brandopfer des Aaron: Leviti-
kus 9,24.

funden haben, sondern die Gesandten Gottes töteten (3,183). Im Übrigen gilt folgende Feststellung: »Du magst zu denen, denen das Buch zugekommen ist, mit jedem Zeichen kommen, sie werden deiner Gebetsrichtung nicht folgen ...« (2,145).

Der zweite Einwand der Leute des Buches beruht auf ihrer Treue zur eigenen Tradition. Sie machen einen Unterschied zwischen den verschiedenen prophetischen Botschaften, klagt der Koran, und sagen: »Wir glauben an die einen, verleugnen aber die anderen« (4,150; vgl. 2,91). Wenn Muhammad das Gleiche vorbringt, was sie schon von ihrer Tradition und ihrer Schrift her kennen, dann ist er ihnen willkommen, wenn nicht, dann hüten sie sich vor ihm und warnen auch die anderen vor seiner Botschaft (5,41).

Für sie steht fest: »Sie sagen: ›Es werden das Paradies nur die betreten, die Juden und Christen sind‹« (2,111). »Und sie sagen: ›Werdet Juden oder Christen, so folgt ihr der Rechtleitung‹« (2,135). Denn sie wollen nur denen glauben, die ihrer eigenen Religion folgen (3,73). Endlich erheben sie den Anspruch: »Wir sind die Söhne Gottes und seine Lieblinge« (5,18).

3. Die Reaktion Muhammads

Kritik Muhammads an den Juden

Der Koran wirft den Juden hartnäckigen Unglauben und Verspottung der göttlichen Botschaft vor.

Dieser Unglaube gründet auf ihrem Hochmut (2,87), ihrem Egoismus (2,87; 5,70) und ihrem Vertrauen in ihre Macht und ihren Reichtum: »Gott hat die Rede derer gehört, die da sagten: ›Gott ist arm, wir sind reich.‹ Wir werden aufschreiben, was sie sagten, und dass sie die Propheten zu Unrecht töteten, und Wir werden sprechen: Kostet die Pein des Höllenbrandes« (3,181).

Die Juden haben zwar ein heiliges Buch erhalten, sie vernachlässigen aber das Studium der Schrift, oder genauer, sie kümmern sich wenig um sie und ihren Inhalt, »sie vergessen, womit sie gemahnt worden waren« (7,165), oder einen Teil davon (5,13). Noch mehr, sie handeln gegen die von ihnen übernommene Verpflichtung, den Menschen diese Schrift in ihrem authentischen Wortlaut bekannt zu geben (3,187). Die Menschen sollten somit die Übereinstimmung zwischen dem Koran und der früheren Schrift Gottes nicht erkennen (vgl. 2,146.159).

Über diese Haltung der Juden spricht der Koran an mehreren Stellen (2,41.174; 3,71; 5,15). In anderen Versen macht er jedoch Einschränkungen: Nur einige unter den Juden verheimlichen den Inhalt der ihnen anvertrauten Schrift (2,146), oder sie halten nur einen Teil davon verborgen« (»vieles«: 6,91).

Mehr noch, die Juden manipulieren und verfälschen die Schrift. Eine solche Haltung ist schon in der Geschichte ihrer früheren Generationen bekannt (7,162). Und so verhalten sie sich nach dem Koran zur Zeit Muhammads: »Unter denen, die Juden sind, gibt es welche, die auf Lügen hören und auf andere Leute, die nicht zu dir gekommen sind, hören. Sie entstellen den Sinn der Worte« (5,41; vgl. 4,46; 5,13). Sie werden doch den Gläubigen nicht folgen, »wo doch ein Teil von ihnen das Wort Gottes hörte, es aber dann wissentlich entstellte, nachdem er es verstanden hatte?« (2,75).

Einige unter ihnen erdichten sogar Texte, die sie als die Schrift Gottes ausgeben. Sie schreiben ihre eigenen Worte »mit ihren Händen und sagen dann: Dies ist von Gott her, um es für einen geringen Preis zu verkaufen« (2,79; vgl. 3,78).

Vor einer solchen Hartnäckigkeit im Unglauben (vgl. 4,46) ist Muhammad ratlos: »Siehe, ihr liebt sie, sie aber lieben euch nicht. Ihr glaubt an das gesamte Buch … Wenn euch Gutes widerfährt, tut es ihnen leid, und wenn euch Schlimmes trifft, freuen sie sich darüber. Wenn ihr euch geduldig und gottesfürchtig zeigt, wird ihre List euch nichts schaden. Gott umgreift, was sie tun« (3,119–120). »Du wirst sicher finden, dass unter den Menschen diejenigen, die dem Gläubigen am stärksten Feindschaft zeigen, die Juden und die Polytheisten sind« (5,82).

Kritik Muhammads an den Christen

Muhammad übt Kritik an einigen Glaubenssätzen der christlichen Lehre, vor allem in Bezug auf die Gottheit Jesu Christi und die Dreifaltigkeit. Um den strengen Monotheismus des Islams zu wahren, greift Muhammad das, was er die Übertreibung der Christen nennt, an. Jesus ist zwar ein großer Prophet, ein besonders begnadeter Diener Gottes, er bleibt aber ein Mensch und kann die Gottheit für sich nicht beanspruchen. Die Christen haben zwar recht, indem sie für Jesus gegen die Juden Partei ergreifen, aber sie befinden sich im Unrecht, wenn sie die Grenzen der Mäßigung überschreiten und Jesus für den Sohn Gottes oder gar für Gott halten (4,171). Wenn sie nicht davon ablassen, Gott in dieser Form zu beleidigen, dann laufen sie Gefahr, irrezugehen und andere zu verführen: »Sprich: O ihr Leute des Buches, übertreibt nicht in eurer Religion über die Wahrheit hinaus und folgt nicht den Neigungen von Leuten, die früher irregegangen sind und viele irregeführt haben und vom rechten Weg abgeirrt sind« (5,77).

Diese Mahnung enthält eine verschleierte Drohung. Die Christen dürfen sich nicht durch die gefährliche Lehre der Ungläubigen verwirren lassen. Wie die Strafe die Juden ereilte, weil sie in ihrem Irrtum beharrten und andere in die Irre geführt haben, so wird es auch den Christen ergehen, wenn sie nicht aufhören, Lehren zu verkünden, die gegen die Wahrheit Gottes gerichtet sind (vgl. 5,73).

Mit der Lehre von der Gottheit Jesu Christi haben die Christen die Lehre ihres Propheten verfälscht (vgl. 5,116–117). Sie haben außerdem »einen Teil von dem, womit sie ermahnt worden waren«, vergessen und somit die von ihnen eingegangene Verpflichtung gebrochen (5,14).

Zurückweisung der Ansprüche der Juden und der Christen

Juden und Christen beanspruchen die ausschließliche Zugehörigkeit zu Abraham. Muhammad weist dies zurück und nimmt für sich selbst und die Muslime in Anspruch, leiblich und geistig von Abraham abzustammen. Denn Abraham war da und wurde von Gott rechtgeleitet, bevor die Tora der Juden und das Evangelium der Christen herabgesandt wurden (3,65). »Abraham war weder Jude noch Christ, sondern er war Anhänger des reinen Glaubens, ein Gottergebener, und er gehörte nicht zu den Polytheisten« (3,67; vgl. 2,133.140). Da die Muslime der Religion Abrahams folgen, stehen sie ihm am nächsten von allen (3,68). Und der Islam ist auch die endgültige Gestalt der wahren Religion, die sich auf den Glauben und die religiöse Praxis Abrahams berufen darf (3,95; 4,125; 6,161; 16,123).

So ist der Islam, nicht das Judentum oder das Christentum, als Maßstab jedes Glaubens anzusehen: »Wenn sie an das Gleiche glauben, woran ihr glaubt, so folgen sie der Rechtleitung. Wenn sie sich abkehren, so befinden sie sich in Widerstreit. Gott wird euch vor ihnen schützen« (2,137).

Muhammad verkehrt die Positionen. Absolutheitsanspruch steht nicht Judentum und Christentum, sondern eben dem Islam zu; und nicht er muss seine Beweise für die Echtheit seiner Sendung und die Richtigkeit seines Glaubens beibringen, sondern seine Gegner: »Bringt her euren Beweis, so ihr die Wahrheit sagt« (2,111).

Die Juden und die Christen haben keinerlei Privilegien und können keine Ansprüche erheben. Und wenn jüdische Gelehrte und christliche Mönche von ihren Gläubigen verlangen, sie selbst neben Gott als Herrn anzuerkennen (9,31), so ist dies der Ausdruck und der erste Schritt der moralischen Verderbtheit.

Solche verschrobene und frevelhafte Widersacher sind eine Gefahr für den Islam, für die Religion Gottes: Sie trachten danach, das Licht Gottes auszulöschen (9,32) und die Menschen vom Wege Gottes abzuweisen (9,34). Wegen ihres schlechten Lebenswandels, ihres Unglaubens und ihrer Verstockung im Irrtum sollen sie bekämpft und unterworfen werden, »bis sie von dem, was ihre Hand besitzt, Tribut entrichten als Erniedrigte« (9,29).

5. Kapitel
Muhammads Beziehungen zu den Juden

1. Anerkennung der biblischen Propheten

An verschiedenen Stellen erwähnt der Koran die Propheten der biblischen Tradition, deren Predigt bzw. Wirken ihm eindrucksvoll erscheint. Er erwähnt vor allem die großen Namen, die in seiner Umgebung besonders bekannt waren. An einer Stelle zählt er diese
prophetischen Gestalten auf: »Wir gaben dir eine Offenbarung, wie
Wir Noach und den Propheten nach ihm offenbart haben. Und Wir
offenbarten (auch) Abraham, Ismael, Isaak, Jakob und den Stämmen, Jesus, Ijob, Jonas, Aaron und Salomo. Und Wir ließen David
eine Schrift zukommen. Und (Wir schickten) Gesandte, von denen
Wir dir früher erzählt haben, und (auch) Gesandte, von denen Wir
dir nicht erzählt haben – und Gott hat mit Mose wahrhaftig gesprochen –, Gesandte als Freudenboten und Warner, damit die Menschen
nach dem Auftreten der Gesandten keinen Beweisgrund gegen Gott
haben. Und Gott ist mächtig und weise« (4,163–165).

Die Höhepunkte der prophetischen Geschichte bilden verständlicher-
weise die Sendungen jener Propheten, die vor Muhammad als die
Gründer einer bestimmten Religion – besser gesagt: einer bestimmten Gestalt der einen Offenbarungsreligion – gelten. Sie werden deswegen im Koran besonders hervorgehoben, weil sie als Vorgänger
Muhammads betrachtet werden; oder anders ausgedrückt: weil Muhammad sich als einen von ihnen, als den letzten Gesandten dieser
Reihe, und seine eigene Botschaft als die Bestätigung der früheren
Botschaften ansieht. So steht die Sendung Muhammads nach dem
Koran in Kontinuität mit der dieser großen Gesandten der Prophe-
ten- und der Menschheitsgeschichte. Diese sind Abraham, der Ver-

künder der ursprünglichen, reinen Religion, Mose, der Verkünder
der Tora, und Jesus Christus, der Verkünder des Evangeliums.[1]

Abraham

Die Gestalt Abrahams nimmt in der Lehre des Korans und in der islamischen Gedankenwelt eine sehr hohe Stellung ein. Denn Abraham ist
das Vorbild aller Gläubigen. Gott selbst sagt zu ihm: »Ich mache dich
zum Vorbild für die Menschen« (2,214). Der Koran empfiehlt seinen
Glauben und sein Verhalten als ein schönes Beispiel für die Muslime:
»Ihr habt doch ein schönes Beispiel in Abraham und denen, die mit
ihm waren …« (60,4; vgl. auch 60,6).

Der Weg Abrahams zu Gott

Abraham erkannte Gott, weil er zunächst einmal die beste Vorausset-
zung dafür besaß: ein »gesundes Herz« (37,84) und das »rechte Verhalten« (21,51). Gott führte ihn zum Glauben durch ein besonderes
Wissen, das innere Licht, das den Weg des Menschen zu Gott deutlich
macht (19,43).

Gestärkt und erleuchtet durch diese menschlichen Voraussetzun-
gen und diese göttliche Erleuchtung, erkannte Abraham an der Kon-
tingenz der Welt und deren Vergänglichkeit, dass die Gestirne des
Himmels nicht irgendwelche Gottheiten darstellen, sondern nur von
der Herrlichkeit ihres Schöpfers, des einen Gottes, künden: »Und so
zeigten Wir Abraham das Reich der Himmel und der Erde, damit er
einer von denen sei, die Gewissheit hegen. Als nun die Nacht ihn
umhüllte, sah er einen Stern. Er sagte: Das ist mein Herr. Als der
aber verschwand, sagte er: Ich liebe die nicht, die verschwinden«
(6,75–76).

Dasselbe Phänomen und dieselbe Reaktion wiederholen sich beim
Erscheinen und Verschwinden des Mondes und der Sonne. Dann bekennt Abraham: »O mein Volk, ich bin unschuldig an dem, was ihr

---

[1] Über die Aussagen des Korans zu Jesus Christus siehe das nächste Kapitel.

(Gott) beigesellt. Ich richte mein Gesicht zu dem, der die Himmel und die Erde erschaffen hat, als Anhänger des reinen Glaubens, und ich gehöre nicht zu den Polytheisten« (6,78b–79).

Nach der Erlangung dieser festen Gotteserkenntnis unternimmt es Abraham, seine Landsleute zu Gott zu bekehren. Seine Auseinandersetzung mit seiner Familie und seinen Stammesgenossen sowie deren Reaktion können in folgenden Punkten zusammengefasst werden:

– Streit Abrahams mit seinem Vater, der ihm Vorwürfe macht und ihn schließlich verwirft (19,46). So distanziert sich Abraham vom Irrglauben seines Vaters (19,48). (Der ganze Text: 19,42–48.)

– Zwei Gründe sind für die Verstockung der Ungläubigen erkennbar: Sie wollen am Glauben ihrer Väter festhalten (21,53; 26,74), und sie können sich von ihren eigenen Interessen und gesellschaftlichen Bindungen nicht frei machen (29,25).

– Argumente Abrahams gegen den Irrglauben der Polytheisten:

a) Die Vorfahren waren im Irrtum, so wie jetzt auch seine Landsleute (21,54; 29,18; vgl. 26,75–77).

b) Die Götzen sind von menschlicher Hand verfertigte Gegenstände: »Wie könnt ihr denn das verehren, was ihr selbst meißelt …?« (37,95).

c) Die Götzen können nicht nützen und nicht schaden (21,66; 26,73).

d) Sie können auch nicht den Lebensunterhalt bescheren (29,17).

e) Sie können nicht einmal die ihnen dargebrachten Gaben verzehren (37,91).

f) Sie können nicht sprechen (37,92; 21,63), das bezeugen sogar die Götzendiener selbst (21,65).

g) Sie können keine Hilfe leisten am Tage des Gerichts (26,93); nicht einmal sich selbst können sie helfen (26,93).

Die Schlussfolgerung besteht dann in der Bestätigung: Gott ist der Schöpfer, der all das machen und tun kann, was die Götzen nicht zu vollbringen vermögen. Er ist der, »der mich erschaffen hat und mich nun rechtleitet, und der mir zu essen und zu trinken gibt und, wenn

ich krank bin, mich heilt, und der mich sterben lässt und dann wieder
lebendig macht, und von dem ich erhoffe, dass Er mir am Tag des Ge-
richtes meine Verfehlung vergebe« (26,78–82; vgl. 2,258: Diskussion
zwischen Abraham und einem Herrscher über die Macht, lebendig zu
machen und sterben zu lassen.)

– Prüfungen und Rettung Abrahams: Abraham zerschlägt die Götzen (21,57–67; 37,88–96). Er wird ins Feuer geworfen, aber Gott errettet ihn (21,68–70; 37,97–98; 29,24).

– Abraham entfernt sich von seinen Stammesgenossen und deren
Götzen (19,49). Er erklärt: »Wir sind unschuldig an euch und an
dem, was ihr anstelle Gottes verehrt. Wir verleugnen euch. Und zwischen uns und euch sind Feindschaft und Hass auf immer sichtbar geworden, bis ihr an Gott allein glaubt« (60,4; vgl. 43,26).

– Abraham verlässt seine Familie und seinen Stamm: »Ich gehe zu
meinem Herrn, Er wird mich rechtleiten …« (37,99). Er verspricht jedoch seinem Vater, für ihn zu beten (9,114; 19,47; 60,4), und er hat
sein Versprechen eingelöst (9,114; 14,41).

Leben Abrahams im Glauben

– Erwählung Abrahams: Abraham ist der Freund Gottes; das ist sein
Ehrentitel im Koran (4,125) und in der islamischen Tradition. Er wurde von Gott rechtgeleitet und auserwählt (3,33). Gott gab ihm die Offenbarung (2,136; 4,163) und die Prophetie (4,163). Der Koran spricht
sogar einmal von einer heiligen Schrift, die von Abraham hinterlassen
worden sei: »Dies steht in den früheren Blättern, den Blättern von
Abraham und Mose« (87,18–19).

Gott ließ der Sippe Abrahams »das Buch und die Weisheit zukommen, und Wir ließen ihnen eine gewaltige Königsherrschaft zukommen« (4,54; vgl. 19,49; 21,72; 29,27; 37,112: Isaak). Er zeigte ihm sogar, wie er »die Toten wieder lebendig macht« (2,260).

– Gott verheißt Abraham eine begnadete Nachkommenschaft:
Isaak und Jakob, eine rechtgeleitete und auserwählte Sippe (6,84;
19,49; 21,72; 29,27; 37,112: Isaak; zu Isaak vgl. noch 11,69–74;
15,51–56).

– Glaubensprüfung Abrahams durch die Aufforderung Gottes, seinen Sohn zu opfern: 37,99–113; 2,124.[2]

Abraham, der Muslim

Abraham wird im Koran als der erste Muslim bezeichnet, das Modell des gottergebenen Gläubigen.

– Abraham hat mit seinem Sohn Ismael das Heiligtum der Ka'ba gegründet (2,125–127; 3,95–97; 22,26). Und er hat die Pflichten eines frommen Muslims erfüllt: Glaube, Gebet und Almosen (21,73), Wallfahrt (Weihe, Umlaufprozession, Opfer: 22,26–29), gute Werke (21,73).

– Der Koran bekennt sich ausdrücklich zum Glauben und zur Urreligion Abrahams.

– 3,68: Diejenigen unter den Menschen, die am ehesten Abraham beanspruchen dürfen, sind die, die ihm gefolgt sind, und dieser Prophet und diejenigen, die glauben. Und Gott ist der Freund der Gläubigen.

– 3,95: So folgt der Glaubensrichtung Abrahams ... (vgl. 4,125; 6,161).

– 16,123 (Gott gibt Muhammad die Weisung:) Folge der Glaubensrichtung Abrahams ...

– Abraham selbst bittet Gott, seinen Nachkommen den Propheten Muhammad zu schenken (so die islamische Interpretation): »Unser Herr, mache ... aus unserer Nachkommenschaft eine Gemeinschaft, die dir ergeben ist. Und zeige uns unsere Riten, und wende dich uns gnädig zu. Du bist der, der sich gnädig zuwendet, der Barmherzige. Unser Herr, lass unter ihnen einen Gesandten aus ihrer Mitte erstehen, der ihnen deine Zeichen verliest und sie das Buch und die Weisheit lehrt und sie läutert. Du bist der Mächtige, der Weise« (2,127–129).

So ist Abraham für den Koran und für Muhammad das Vorbild all derjenigen, die durch den Glauben den Weg zu Gott finden und im Glauben ein Leben vor Gott, in Gottesfreundschaft, führen.

---

[2] Die islamischen Kommentatoren sind sich darüber nicht einig, wer geopfert werden sollte, ob Isaak (so die Mehrheit unter den frühen Kommentatoren) oder Ismael. Das Opfer Abrahams ist übrigens für den Islam die Grundlage und das Vorbild des rituellen Opfers zur Zeit der Wallfahrt in der Nähe von Mekka (vgl. 37,107).

Mose

Die Angaben des Korans über Mose und seine Rolle als Prophet, Volksführer und Verkünder des Gesetzes Gottes erinnern an die Angaben der Bibel, die Aussagen der jüdischen Volkstradition in ihrer entsprechend ausgeschmückten Form. Da aber Muhammad es liebt, sich an Mose zu orientieren und seine eigene Rolle bei den Arabern als ähnlich der des Propheten und Gesetzgebers Mose anzusehen, so projiziert der Koran oft in die Gestalt des Mose die Auffassungen Muhammads über die prophetische Verkündigung und die Funktion des Gesetzes.

Mose, der Prophet

Berufung und Sendung Moses im Koran (u. a. 20,10–13) laufen parallel zu den Angaben der Bibel. Seine Beglaubigungswunder wird er vor dem Pharao vollbringen (u. a. 20,17–23). Mose erhält von Gott einen bestimmten Auftrag: Er soll sein Volk von der Knechtschaft in Ägypten befreien (u. a. 20,24.42–45). Und Gott zeigt ihm eine besondere Zuwendung: Er hat mit ihm gesprochen. »Und gedenke im Buch des Mose. Er war auserwählt, und er war ein Gesandter und Prophet. Und Wir … ließen ihn zu vertraulichem Gespräch näher treten« (19,51–52; vgl. 7,144) – »… und Gott hat mit Mose wahrhaftig gesprochen« (4,164).

Der Inhalt seiner prophetischen Botschaft ist der gleiche wie der aller anderen Propheten: Glaube an den einen, einzigen Gott und an das Jüngste Gericht sowie die Pflicht, Gott allein zu dienen. Gott selbst teilt ihm diese Botschaft mit: »Siehe, Ich bin Gott. Es gibt keinen Gott außer Mir. So diene Mir und verrichte das Gebet zu meinem Gedächtnis. Wahrlich, die Stunde kommt …« (20,14–15; vgl. 20,49–55; 26,23–28).

Über die Auseinandersetzung des Mose mit dem Pharao, die Zeichen, die er wirkte, und die Verfolgung der Kinder Israels durch die Ägypter, aber auch über das rettende Eingreifen Gottes beinhaltet der Koran ähnliche Erzählungen wie die Bibel.

Mose, der Verkünder des Gesetzes

In vielen Versen bestätigt der Koran die göttliche Sendung des Mose als Verkünder des Tora-Gesetzes. Was die Bedeutung der Tora im Leben der Gemeinschaft anbelangt, so können die Aussagen des Korans in folgende Punkte zusammengefasst werden:

– Das Gesetz ist Licht (21,48; 14,5; 6,91), es enthält Einsicht bringende Zeichen für die Menschen. Somit ist das Gesetz die Norm des Glaubens: »Und Wir ließen Mose das Buch zukommen … als Einsicht bringende Zeichen für die Menschen und als eine Rechtleitung und Barmherzigkeit, auf dass sie es bedenken« (28,43).

– Das Gesetz ist Rechtleitung und Barmherzigkeit, Richtschnur, gerader Weg und somit Norm des praktischen Handelns: »Und Wir haben Mose das Buch zukommen lassen. … Und Wir haben es zu einer Rechtleitung für die Kinder Israels gemacht« (32,23; vgl. 23,49; 21,48; 45,16–17; 17,2; 40,53–54; 28,43; 37,117–118). »Alsdann ließen Wir dem Mose das Buch zukommen, um (alles) zu vervollständigen … und als Rechtleitung und Barmherzigkeit …« (6,154; vgl. 6,91; 7,154; 2,53; 5,44).

– Das Gesetz Gottes ist detailliert und setzt die einzelnen Dinge und Vorschriften auseinander, so dass der Weg der Gläubigen deutlich bleibt: »Und Wir schrieben ihm auf den Tafeln über alle Dinge, eine Ermahnung und eine ins Einzelne gehende Darlegung aller Dinge« (7,145; vgl. 6,154).

So sollen die Menschen sich an die Vorschriften und Rechtsnormen des Gesetzes erinnern (21,48; 40,54; 28,45), daran festhalten (7,145.171; 2,63.93) und sie befolgen als Befehl Gottes (2,68).

Die Kinder Israels sind zu Vorbildern für die Menschen geworden, und zwar als Gegenstand des Gnadenerweises Gottes (28,5). Desgleichen ist die Schrift des Mose in den Augen des Korans das Vorbild seiner eigenen Offenbarung (46,12).

Mängel des Gesetzes

Wegen der Hartnäckigkeit der Juden hat Gott ihnen jedoch in der Tora einige Einschränkungen auferlegt: »Und wegen der Ungerechtigkeit derer, die Juden sind, haben Wir ihnen köstliche Dinge verboten, die

ihnen (sonst) erlaubt waren, und weil sie viele vom Weg Gottes nach-
drücklich abweisen« (4,160; vgl. 6,146–147).

Im Übrigen hat die Tora nicht alle dunklen Punkte der Glaubens-
lehre und der Gesetzgebung erhellt. So bleibt ein Fortschritt in dieser
Richtung möglich. Diesen Fortschritt bringt zunächst einmal das
Evangelium Jesu Christi.

2. Die Konvention von Medina

Während seiner ganzen prophetischen und staatsmännischen Tätig-
keit hatte Muhammad mit Juden und Christen zu tun. In der mekkanischen Periode seiner Verkündigung hielt er die Juden und ihre Tora
in hohem Ansehen. Die Juden werden als Leute des Buches bezeichnet.
Ihnen wurde die biblische Botschaft zuerst anvertraut, zu der sich Muhammad bestätigend bekannt und die seine eigene prophetische Sendung begründet und vorausverkündigt habe.

In Medina bildeten die Juden eine einflussreiche Kolonie. Bald nach
seiner Ankunft in Medina in Begleitung seiner Gemeinde (im Jahr
622) versuchte Muhammad, die Unterstützung aller hilfsbereiten
Gruppen zu gewinnen. In seiner Bemühung um die Bildung einer
existenzfähigen Gemeinschaft sorgte er zunächst dafür, dass eine enge
Verbindung zwischen denen entstand, die mit ihm aus Mekka nach
Medina ausgewandert waren (Emigranten: *Muhadjirun*), und denen,
die ihm in Medina Hilfe leisteten (Helfer: *Ansar*). Diese Zusammengehörigkeit der beiden Gruppen wurde als ein zentraler Punkt in die
Gemeindeverfassung aufgenommen, durch die Muhammad die Stadt
Medina zu einem politischen Staat und die islamische Gemeinde zu
einer politischen Gemeinschaft *(Umma)* erklärte.

In dieser Verfassung bringt Muhammad auch seine Vorstellungen
über die Beziehungen zwischen seiner Gemeinschaft und den Juden
Medinas zum Ausdruck. Der Wortlaut dieses Dokuments, wie wir ihn
heute lesen können, enthält Bestimmungen, die sich auf die Juden beziehen und ihnen eine besondere Stellung in der Gemeinschaft einräu-

men. Fast möchte man sagen, dass die Juden in diesem Dokument als
ein Teil der islamischen Gemeinschaft betrachtet und entsprechend behandelt werden. Man wird wohl darin einen Hinweis dafür sehen dürfen, dass Muhammad zu dieser Zeit die Trennung zwischen Muslimen
und Juden und die Erklärung der Selbständigkeit des Islams gegenüber
dem Judentum und dem Christentum noch nicht vollzogen hatte. Der
Inhalt des Textes entspricht also noch den friedlichen Beziehungen zwischen Muhammad und den Juden vor der Schlacht von Badr (624) und
lässt an die Versuche Muhammads denken, die Juden für sich zu gewinnen, indem er eine Art religiöser Verwandtschaft zwischen Islam und
Judentum feststellte. Es lohnt sich, hier die Bestimmungen des Dokuments, die sich auf die Juden beziehen, im Wortlaut wiederzugeben.

»Der Gesandte Gottes schickte ein Schriftstück an die Emigranten
und die Helfer *(Ansar)*, in dem er seinen Vertrag und ein Bündnis
mit den Juden abschloss, sie in ihrer Religion und ihrem Eigentum
bestätigte und ihnen bestimmte Pflichten und Rechte zuteilte: Im
Namen Gottes, des Barmherzigen, des Gnädigen! Dieses ist eine Urkunde von Muhammad, dem Propheten, (zur Feststellung der Beziehungen) zwischen den Gläubigen und Muslimen von Quraysh
und Yathrib sowie denen, welche ihnen Heeresfolge leisten, mit ihnen verbündet sind und den Glaubenskrieg mit ihnen kämpfen.

1. Dieselben bilden *eine* Gemeinde gegenüber den Menschen. (…)
16. Wer von den Juden uns folgt, dem soll Hilfe und Beistand zuteil
    werden, so dass sie ungeschädigt bleiben und keine Verbün-
    dung gegen sie entsteht. (…)
24. Die Juden steuern mit den Gläubigen, solange diese Krieg führen.
25. Die Juden der Banu ʿAwf bilden eine Gemeinde mit den Gläu-
    bigen (wobei ihre Religion wie die der Muslime gelten soll),
    und zwar ihre Klienten und sie selbst; nur wer Ungerechtigkeit
    oder Trug begeht, der stürzt sich samt seinen Hausgenossen ins
    Unglück.
26.–31. Von den Juden der Banu l-Nadjjar (und der al-Harith und
    der Saʿida und der Djusham und der al-Aws und der Thaʿlaba)

gilt das Gleiche wie von den Juden der Banu ʿAwf; nur wer Ungerechtigkeit oder Trug begeht, der stürzt sich und seine Hausgenossen ins Unglück.

32. Djafna, der Teilstamm von Thaʿlaba, gilt wie dieser selbst.

33. Von den Banu Shutayba gilt das Gleiche wie von den Juden der Banu ʿAwf, doch Ehrlichkeit sonder Trug vorausgesetzt.

34. Die Klienten vom Stamme Thaʿlaba gelten wie dieser selbst.

35. Die Teilstämme der Juden gelten wie diese selbst.

(36. Keiner von ihnen [den Kontrahenten dieses Vertrags] darf ohne Erlaubnis Muhammads zu Felde ziehen; doch Verwundungen zu rächen, solle keiner gehindert sein; wer einen Angriff auf den andern macht, der büßt es an sich und seinen Hausgenossen, außer wenn ihm Unrecht widerfahren ist; Gott aber wacht über die redlichste Ausführung dieses Punktes.)

37. Die Juden haben Steuern zu zahlen wie die Gläubigen; beide Teile helfen sich gegen den, der die Teilhaber dieses Vertrags bekriegt, freundliche gegenseitige Beratung und Treue sonder Trug vorausgesetzt; keiner wird seinen Eidgenossen betrügen, der Unrecht Leidende aber genießt die Hilfe (der Gemeinde).

38. Die Juden steuern mit den Gläubigen, solange diese Krieg führen. (…)

46. Von den Juden der al-Aws, ihren Klienten und ihnen selber, gilt das Gleiche wie von den Teilhabern dieses Vertrags bei reinster Ehrlichkeit gegen die Teilhaber dieses Vertrags und Ehrlichkeit sonder Trug vorausgesetzt. Wer aber Trug anstiftet, der wird selbst den Schaden davon haben.

47. Gott wacht über die gewissenhafte und ehrlichste Ausführung dieses Vertrages. Diese Urkunde schützt nicht den Ungerechten oder Betrüger. Wer zu Felde zieht, ist sicher wie der, welcher in Medina bleibt, nur nicht der Ungerechte und Betrüger. Gott aber ist der Schutzherr derer, die ehrlich und fromm sind, und Muhammad der Gesandte Gottes.«[3]

---

[3] Aus: H. Grimme, *Mohammed*, I, Münster 1892, S. 78–81.

3. Behandlung der Juden

Grundsätzlich werden die Juden vom Koran als Teilgläubige angesehen, die ihren Lohn erhalten werden, wenn sie das Gute tun (2,62; 5,69). Gott wird am Tage der Auferstehung über sie entscheiden und zwischen denen, die zur Gruppe der grundsätzlich Gläubigen gehören, und den polytheistischen Ungläubigen unterscheiden (22,17); so gilt bei ihrer Behandlung der Grundsatz der Religionsfreiheit, denn »es gibt keinen Zwang in der Religion« (2,256). Aber wenn es über die streng religiösen Fragen hinaus auch um Fragen geht, die sozialpolitisch und allgemein politisch relevant sind, müssen andere Vorschriften die Beziehungen zwischen der islamischen Gemeinschaft und den Juden regeln. Für die unruhige und gefahrvolle Zeit des Propheten Muhammad wurden Bestimmungen erlassen, die im Folgenden dargelegt werden.

Verhalten der Juden

Die Bestimmungen beziehen sich und sind eine Reaktion auf das damalige Verhalten der Juden. Allgemein wirft der Koran den Juden vor, sie lästerten Gott, fädelten gefährliche Intrigen gegen die Muslime ein und brächten Unheil übers Land: »Und die Juden sagen: ›Die Hand Gottes ist gefesselt.‹[4] Ihre Hände seien gefesselt und sie seien verflucht für das, was sie sagen! ... Sooft sie ein Feuer zum Krieg entfachen, löscht Gott es aus. Und sie reisen auf der Erde umher, um Unheil zu stiften. Gott liebt die Unheilstifter nicht« (5,64).

Im Besonderen werden den Juden vom Koran folgende Missetaten und folgendes gefährliche Verhalten vorgeworfen:

– Sie hegen nur Abneigung gegen die Muslime und versuchen, unter ihnen Verwirrung zu stiften (vgl. die oben zitierten Verse: 3,118–120).

---

[4] Das heißt: Wir können ihm widerstehen und an die Botschaft des Korans und die Predigt des Muhammad nicht glauben, ohne dass wir eine Vergeltung vonseiten seines Gottes zu befürchten hätten.

– Sie zeigen den Muslimen nur Missgunst, sie gönnen ihnen nicht die koranische Offenbarung (2,105) und auch sonst keine anderen Wohltaten Gottes (3,120).

– Sie versuchen sogar, sie zu verführen und vom Glauben abzubringen: Damit verraten sie ihre feindlichen Gefühle den Muslimen gegenüber: »Hast du nicht auf jene geschaut, denen ein Anteil am Buch zugekommen ist, wie sie den Irrtum erkaufen und wollen, dass ihr vom Weg abirrt? Gott weiß besser über eure Feinde Bescheid …« (4,44–45; vgl. 3,69.99.100; 4,50). Gegen diese Feinde genügt Gott den Muslimen als Helfer (4,45). Die Muslime müssen warten, bis Gott seine Stunde, die Stunde der Strafe läuten lässt: »Viele von den Leuten des Buches möchten gerne euch, nachdem ihr gläubig geworden seid, wieder zu Ungläubigen machen, da sie von sich aus Neid empfinden, nachdem ihnen die Wahrheit deutlich wurde. So verzeiht und seid nachsichtig, bis Gott mit seinem Befehl eintrifft. Gott hat Macht zu allen Dingen« (2,109).

– Aber nicht nur in religiösen Fragen nehmen die Juden gegenüber den Muslimen eine feindliche Haltung ein, auch in sozialen und politischen Angelegenheiten sind sie unzuverlässig. Denn wie sie immer wieder ihre Verpflichtungen gegenüber Gott verletzen, verleugnen und verwerfen (2,100), so bekommt der Prophet Muhammad von ihnen immer (wieder) Falschheit, Wortbruch, Abkommenverletzung und Verrat zu sehen (vgl. 5,13). Sie haben z. B. bei der Schlacht von Badr die Ungläubigen gegen die Muslime unterstützt (33,26).

– Der Verrat an den Propheten, die die Juden immer wieder im Laufe ihrer Geschichte töteten (2,61.87.91; 3,21.112.181; 4,155; 5,70), scheint eine Konstante ihrer Haltung gegenüber den Gesandten Gottes zu sein. Auch Muhammad stellt hier keine Ausnahme dar. Er soll sich vor ihnen in Acht nehmen und ihnen die Strafe Gottes androhen: »Denen, die die Zeichen Gottes verleugnen und die Propheten zu Unrecht töten und diejenigen unter den Menschen töten, die die Gerechtigkeit gebieten, verkünde eine schmerzhafte Pein« (3,21).

– Wie dieser Vers besagt, sind die Juden auch für die Muslime gefährlich. Das bestätigt der Koran an anderer Stelle: »Ihr werdet sicherlich an eurem Vermögen und an euch selbst geprüft werden, und ihr werdet gewiss von denen, denen das Buch vor euch zugekommen ist, und von den Polytheisten viel Ungemach hören« (3,186). Noch deutlicher betont der Koran die feindliche Gesinnung der Juden gegen die Muslime: »Du wirst sicher finden, dass unter den Menschen diejenigen, die den Gläubigen am stärksten Feindschaft zeigen, die Juden und die Polytheisten sind …« (5,82). Juden und Heiden sind ja »die schlimmsten unter den Geschöpfen« (98,6).

Reaktion des Korans

Als Reaktion auf das Verhalten der Juden liefert der Koran zunächst einmal diese widerspenstigen und feindlich gesinnten Widersacher Gottes und der Muslime dem Zorn und dem Fluch Gottes aus (vgl. 2,61.159; 3,112; 4,46.52; 60,13; 5,13.64.78). Er mahnt sie dann zur Umkehr und zum Glauben, sonst laufen sie Gefahr, die Auswirkung des Zornes Gottes zu spüren: »… bevor Wir bestimmte Gesichter auswischen und sie auf ihren Rücken kehren oder sie verfluchen …« (4,47).

Diejenigen, die sich nicht mahnen lassen und in ihrem Unglauben und ihrer Feindseligkeit verharren, werden von folgenden Bestimmungen getroffen. Der Koran ordnet an, sie als Feinde zu behandeln. »Bestimmt ist für sie im Diesseits Schande und im Jenseits eine gewaltige Pein« (5,41). Der Koran ermutigt die Muslime: »Sie werden euch keinen Schaden, nur geringes Leid zufügen. Und wenn sie gegen euch kämpfen, werden sie euch den Rücken kehren. Und dann werden sie keine Unterstützung erfahren. Erniedrigung überdeckt sie, wo immer sie angetroffen werden, es sei denn, sie stehen unter dem Schutz einer Verbindung mit Gott und einer Verbindung mit Menschen. Und sie ziehen sich den Zorn Gottes zu. Und Elend überdeckt sie. Dies dafür, dass sie immer wieder die Zeichen Gottes verleugneten und die Propheten zu Unrecht töteten; dies dafür, dass sie ungehorsam waren und immer wieder Übertretungen begingen« (3,111–112).

Diese Erniedrigung und diese Verelendung hat sie der Zorn Gottes schon kosten lassen. Die Banu Nadir, der schon erwähnte jüdische Stamm in Medina, mussten erfahren, wie vernichtend der Zorn Gottes sein kann: »Er ist es, der diejenigen von den Leuten des Buches, die ungläubig sind, aus ihren Wohnstätten zur ersten Versammlung vertrieben hat. Ihr habt nicht geglaubt, dass sie fortziehen würden; auch sie meinten, ihre Festungen würden sie vor Gott schützen. Da kam Gott über sie, von wo sie nicht damit rechneten, und jagte ihren Herzen Schrecken ein, so dass sie ihre Häuser mit ihren eigenen Händen und durch die Hände der Gläubigen zerstörten … Dies dafür, dass sie sich Gott und seinem Gesandten widersetzten. Und wenn jemand sich Gott widersetzt, so verhängt Gott eine harte Strafe« (59,2.4).

Im Aufwind seiner Siege über die Mekkaner und seiner Erfolge bei den Stämmen Arabiens verfügt dann der Koran als endgültige Bestimmung, dass der Islam, wie es Gott festgelegt hat, die Oberhand über alle Religionen haben soll (9,33). Praktisch bedeutet das: »Kämpft gegen diejenigen, die nicht an Gott und nicht an den Jüngsten Tag glauben und nicht verbieten, was Gott und sein Gesandter verboten haben, und nicht der Religion der Wahrheit angehören – von denen, denen das Buch zugekommen ist, bis sie von dem, was ihre Hand besitzt, Tribut entrichten als Erniedrigte« (9,29).

Damit sind die Juden in den Status einer Religionsgemeinschaft verwiesen, die zwar eine relative Religionsfreiheit genießt, jedoch dafür dem Islam unterworfen ist und ihm für seinen Schutz Steuern zu entrichten hat. Sie sind zu »Schutzbürgern« *(Dhimmi)* im islamischen Staat geworden.

4. Die Vernichtung der Juden von Medina

Es sollen nun die politischen Ereignisse kurz dargestellt werden, die zur Ausrottung der Juden von Medina führten und den späteren muslimischen Rechtsgelehrten als Grundlage zur Feststellung rechtlicher Normen und Bestimmungen dienten.

Diese Ereignisse sind in Zusammenhang mit den heftigen Streitigkeiten zwischen Muhammad und den Juden zu sehen. Muhammad, der die Selbständigkeit des Islams erklärt hatte und sich von den Juden distanzierte, konnte ihnen nicht mehr völlig vertrauen. Sein Vorgehen gegen die Juden fand in mehreren Etappen statt.

Die Vertreibung des Stammes Qaynuqaʿ

Es scheint, dass dieser jüdische Stamm sich über den Sieg Muhammads gegen die Mekkaner bei Badr (624) nicht freute. Der Koran interpretiert diese Haltung als einen verborgenen Verrat: »Und wenn du von bestimmten Leuten Verrat fürchtest, so kündige ihnen (den Vertrag) so eindeutig auf, dass Gleichheit (Gleichheit im Wissen um die Aufkündigung des Vertrags) zwischen euch besteht. Gott liebt ja die Verräter nicht« (8,58). Auch sonst wirft ihnen der Koran vor, dass sie die Verordnungen ihrer eigenen Tora nicht treu befolgen, sondern sich gegenseitig bekämpfen, indem der Stamm der Qaynuqaʿ mit dem polytheistischen arabischen Stamm der Khazradj eine Kampfallianz gegen die anderen Juden und ihre heidnischen Verbündeten schloss (vgl. 2,84–85). So hat Muhammad die Qaynuqaʿ gewarnt und sie noch einmal zur Anerkennung seiner prophetischen Sendung und zur Annahme des Islams aufgerufen: Ihr Juden, habt acht, dass euch Gott nicht ähnlich wie Quraysh (die Besiegten von Badr) mit seiner Rache trifft, und bekennt euch zum Islam. Denn ihr wisst, dass ich ein gesandter Prophet bin, und ihr findet es wohl in eurer Schrift und dem Bund Gottes mit euch. Die so angesprochenen Juden hätten erwidert: »O Muhammad, sei nicht zu stolz, dass du auf kriegsunerfahrene Leute trafst und du den Sieg davontrugst. Bei Gott, wenn wir dich bekriegten, würdest du erkennen, dass wir die echten (Kriegs-)Leute sind.«

Dann fand ein Zwischenfall statt, der von Muhammad als willkommener Anlass genommen wurde, um eine Strafaktion gegen die Qaynuqaʿ zu unternehmen. Einige Juden hätten einer arabischen Marktfrau einen unanständigen Streich gespielt: Sie banden ihren Rock so, dass sie beim Aufstehen bloß da stand. Ein Muslim rächte die Frau, indem er den Täter tötete; aber auch die umstehenden Juden rächten ihren Stammesangehörigen auf der Stelle. Daraufhin zogen sich die Juden hinter ihre Befestigungen zurück und warteten auf die Rache der Muslime. Ihre heidnischen Verbündeten leisteten ihnen keine Hilfe. Fünfzehn Tage dauerte die Belagerung der Behausungen der Qaynuqaʿ durch die Muslime. Ein einflussreicher Verbündeter der Juden, ʿAbd-Allah ibn Ubayy, konnte nur mit Mühe und unter vielen Demütigungen, die ungesühnt blieben, erreichen, dass die Qaynuqaʿ nicht der Vernichtung preisgegeben wurden. Als die Juden feststellen mussten, dass sie keine Unterstützung erhielten und dass Muhammad im Gegenteil im Aufwind seines Sieges bei Badr mit den Sympathien der Stämme rechnen konnte, willigten sie in ein Abkommen mit Muhammad ein. Sie mussten Medina mit ihren Familien verlassen. Sie erhielten drei Tage zur Erledigung ihrer Geldgeschäfte. Ihre Waffen und ihr Handwerkszeug mussten sie in Medina zurücklassen. So wurden sie aus Medina vertrieben.

Die Vertreibung des Stammes Nadir

Muhammad zögerte nicht lange, seinen zweiten Schlag gegen die Juden auszuführen. Es wird berichtet, dass er pflegte, sich seiner Feinde und Gegner zu entledigen, indem er äußerte: »Wer rächt mich an dem und dem?« Seine Anhänger führten dann diese Aufträge aus. Einem solchen Auftrag fiel ein bekannter Gegner des Islams, Kaʿb ibn al-Ashraf, zum Opfer, der durch seine Mutter zum jüdischen Stamm der Nadir gehörte. Über diesen Mord äußerten die Nadir ihre Bestürzung. Erst ein Jahr später (August/September 625) kam es zur entscheidenden Auseinandersetzung zwischen Muhammad und den Nadir, als Muhammad diesen Stamm besuchte, sich aber hastig unter dem Vorwand zurückzog, die Nadir hätten ein Attentat auf ihn vorbereitet. Zudem trug Muhammad ihnen nach, dass sie ihm bei der verlorenen Schlacht von Uhud gegen die Mekkaner keine Unterstützung gewährt hatten. Als Muhammad den Nadir den Krieg erklärte, verschanzten sich diese hinter ihren stark befestigten Burgen (siehe Koran 59,14). Die Heuchler unter den Muslimen sprachen ihnen Mut zu und versicherten ihnen, sie würden sie in jedem Fall unterstützen, was sie jedoch nicht taten. Der Koran enthält Anspielungen darauf: »Hast du nicht auf jene geschaut, die Heuchler sind? Sie sagen zu ihren Brüdern von den Leuten der Schrift, welche ungläubig sind: ›Wenn ihr vertrieben werdet, werden wir mit euch fortziehen. Und wir werden niemals jemandem gegen euch gehorchen. Und wenn gegen euch gekämpft wird, dann werden wir euch bestimmt unterstützen.‹ Und Gott bezeugt, dass sie ja lügen. Wenn sie vertrieben werden, werden sie nicht mit ihnen fortziehen. Und wenn gegen sie gekämpft wird, werden sie sie nicht unterstützen. Und sollten sie sie unterstützen, dann werden sie den Rücken kehren ...« (59,11–12).

Die Belagerung der Nadir dauerte um die 15 Tage. Während der Belagerung begannen die Muslime, ihnen die Grundlage ihres Lebensunterhaltes zu zerstören und ihre Palmen zu fällen. Wegen dieser Übertretung der damaligen Bräuche klagten die Juden Muhammad an; aber der Koran rechtfertigt diese Methode der Kriegführung: »Was ihr an Palmen umgehauen habt oder auf ihrem Stamm habt stehen lassen, es geschah mit der Erlaubnis Gottes, auch damit Er die Frevler zuschanden mache« (59,5). Durch die Vernichtung ihrer Lebensgrundlage nahm Muhammad den Nadir jede Hoffnung, künftig in Medina überleben zu können. Sie kamen mit Muhammad überein, die Stadt zu verlassen. Sie mussten ihre Waffen abgeben, durften aber ihren Besitz und Hausrat mitnehmen. Am Ertrag der Palmen erhielten sie keinen Anteil. Die Nadir ließen sich in Khaybar nieder, wo sie Eigentum und Besitz hatten. Von dort setzten sie jedoch ihre Aktivitäten gegen Muhammad und die islamische Gemeinschaft fort, indem sie sich mit den Mekkanern verbündeten.

Der Koran zelebriert ihren Fortgang als Sieg Gottes und der Muslime: »Er ist es, der diejenigen von den Leuten des Buches, die ungläubig sind, aus ihren Wohnstätten zur ersten Versammlung vertrieben hat. Ihr habt nicht geglaubt, dass sie fortziehen würden; auch sie meinten, ihre Festungen würden sie vor Gott schützen. Da kam Gott über sie, von wo sie nicht damit rechneten, und jagte ihren Herzen Schrecken ein, so dass sie ihre Häuser mit ihren eigenen Händen und durch die Hände der Gläubigen zerstörten. Zieht nun die Lehre daraus, ihr Einsichtigen« (59,2).

Die Vernichtung der Qurayza

Die Nadir versuchten von Khaybar aus, die Mekkaner zum Kampf gegen Muhammad und Medina zu ermuntern. Was die muslimischen Autoren mit Befremden, ja Bestürzung berichten, ist eine Aussage der Nadir in ihren Verhandlungen mit Mekka. Auf die Frage der Mekkaner, welche Religion die bessere sei, ihre oder die des Muhammad, hätten die Nadir geantwortet: »Eure Religion ist besser als seine Religion …«

In der Zwischenzeit hatte der sogenannte Grabenkrieg stattgefunden, in dem die Mekkaner mit ihren Verbündeten – vor allem unter arabischen Stämmen – Medina belagerten. Diese Belagerung führte zu keinem entscheidenden Ergebnis. Eines hatte aber Muhammad sich gemerkt: Die Juden des Stammes Qurayza hatten die Ungläubigen unterstützt (Koran 33,26), und zwar durch neutrales Verhalten und Verhandlungen mit dem Feind. Als sich die Mekkaner und ihre Verbündeten zurückgezogen hatten, griff Muhammad die Qurayza an. Diese versuchten, für sich dieselben Bedingungen für ein Verlassen der Stadt auszuhandeln, wie sie den anderen jüdischen Stämmen zugestanden wurden. Muhammad lehnte ab und bestand auf einer bedingungslosen Unterwerfung. Auf die dringenden Bitten der Verbündeten der Qurayza hin und mit ihrer eigenen Zustimmung überließ Muhammad die Entscheidung über das Schicksal der Juden Sa'd ibn Mu'adh, einem der

Führer des Stammes Aws, der ein treuer Anhänger Muhammads war und während der Belagerung verwundet worden war. Er entschied, dass alle Männer von Qurayza getötet, all ihre Frauen und Kinder als Sklaven verkauft werden sollten. Dieses strenge Urteil wurde auch vollstreckt, jedoch wurde der Grundsatz respektiert, nach dem die Bekehrung zum Islam vor der Hinrichtung retten kann. Im Fall der Qurayza habe nur einer sein Leben gerettet, indem er zum Islam übertrat.

Die Stimmung, die den Schiedsrichter zu seinem Urteil veranlasste, wird von ihm selbst so beschrieben: »Es ist für Sa'd an der Zeit, dafür zu sorgen, dass ihn kein Tadel vor Gottes Angesicht trifft.« Wollte Sa'd endlich mit der bislang vorherrschenden Stammeszugehörigkeit brechen und sich endgültig zur islamischen Religionszugehörigkeit als Grundlage der neuen Gemeinschaft, auch in ihrer politischen Dimension, bekennen? Sicher jedoch versuchte Muhammad, die Stämme zusammenzuschließen, indem er sie alle an der Hinrichtung der Männer von Qurayza beteiligte.

Der Koran stellt dazu fest: »Und Gott wies diejenigen, die ungläubig sind, mit ihrem Groll zurück, ohne dass sie etwas Gutes erlangt hätten. Und Gott befreite die Gläubigen vom Kampf. Gott ist stark und mächtig. Und Er ließ diejenigen von den Leuten des Buches, die ihnen Beistand geleistet hatten, aus ihren Burgen heruntersteigen. Und Er jagte ihren Herzen Schrecken ein, so dass ihr einen Teil (von ihnen) getötet und einen Teil gefangengenommen habt. Und Er gab euch zum Erbe ihr Land, ihre Wohnstätten und ihren Besitz, und auch ein Land, das ihr (vorher) nicht betreten hattet. Und Gott hat Macht zu allen Dingen« (33,25–27).

5. Abkommen Muhammads mit den Juden

Nach der Vertreibung der Qaynuqa' und der Nadir und der Ausrottung der Qurayza blieb in Medina nur noch eine unbedeutende Anzahl von Juden. Damit war die unangefochtene Herrschaft des Islams gesichert. Nun versuchte Muhammad, die Vorherrschaft seiner Religi-

on und seiner Gemeinschaft auf benachbarte und fernere Städte und
Ortschaften auszudehnen. Die Bewohner dieser Gegenden waren außer den arabischen Stämmen hauptsächlich Juden, Christen und Ma-
gier (= Zarathustrianer). Je nachdem, ob diese zunächst Widerstand
geleistet hatten oder ob die beiden Parteien zu einer eher friedlichen
Übereinkunft fanden, gestalteten sich die Bestimmungen der zwischen
der islamischen Gemeinschaft und der jeweiligen Bevölkerung abge-
schlossenen Verträge bzw. Abkommen.

Es soll hier ein Beispiel solcher Abkommen gegeben werden. Der
fast stereotype Inhalt dieser Vereinbarungen diente auch in späteren
Zeiten als Richtlinie für die Behandlung der Nicht-Muslime im Bereich der islamischen Herrschaft.

Die Juden von Khaybar

Im Mai/Juni 628 startete Muhammad einen Feldzug gegen Khaybar,
150 Kilometer nördlich von Medina. Er wollte sich gegen das Bündnis
zwischen den Juden von Khaybar und den Mekkanern wehren. Er
nutzte die Zeit des Waffenstillstands von Hudaybiya mit den Feinden
aus Mekka, um gegen Khaybar zu ziehen. Die Stadt leistete Widerstand und wurde belagert.

In seiner Biographie Muhammads berichtet Ibn Ishaq darüber:

»Der Prophet belagerte die Bewohner von Chaibar in ihren beiden
Festungen Watîh und Sulâlim, bis sie keinen Ausweg mehr sahen
und ihn baten, er möge sie ziehen lassen und ihr Leben verschonen.
Der Prophet erfüllte ihnen ihre Bitte. Er hatte alle ihre Ländereien,
Schaqq, Natâ und Katîba, und alle ihre Festungen mit Ausnahme
der beiden Burgen erobert. Als die Bewohner des Gebietes von Fadak erfuhren, was in Chaibar geschehen war, schickten sie eine Gesandtschaft mit der Bitte zum Propheten, er möge sie ebenfalls ziehen lassen und sie verschonen; sie würden ihm dafür ihre
Besitzungen überlassen. Auch ihrer Bitte entsprach er. Nachdem
sich die Bewohner von Chaibar auf dieser Grundlage ergeben hat-

ten, baten sie den Propheten, er möge sie auf ihren ehemaligen Besitzungen wieder beschäftigen und ihnen die Hälfte der Erträge überlassen. Sie verwiesen darauf, dass sie mehr von der Bestellung des Landes verstünden als die Muslime. Der Prophet ging auf ihre Bedingungen ein, fügte jedoch hinzu, dass er sie jederzeit vertreiben könne, wenn er dies wolle. Die gleiche Vereinbarung traf er mit den Bewohnern von Fadak. Während Chaibar aber als Kriegsbeute unter die Muslime aufgeteilt wurde, ging Fadak in den Privatbesitz des Propheten über, da die Muslime weder Pferde noch Kamele hatten einsetzen müssen, um es zu erobern.«[5]

Die Juden der erwähnten Städte erhielten also eine Sicherheitsgarantie für ihr Leben und durften weiterhin ihr Land bewirtschaften. Sie mussten dafür Naturallieferungen in Höhe der Hälfte des jährlichen Ernteertrages abgeben. Dieser Ertrag wurde einmal im Jahr durch einen Gesandten Muhammads geschätzt und die Höhe der Abgaben dann entsprechend festgesetzt. Der Prophet behielt sich jedoch das Recht vor, die unterworfene Bevölkerung jederzeit aus dem Land zu vertreiben. In der jüdischen Kolonie Wadi l-Qura ernannte Muhammad sogar einen Muslim zum Gouverneur der Stadt.

---

[5] Ibn Ishaq, *Das Leben des Propheten.* Übersetzt von Gernot Rotter, *Bibliothek Arabischer Klassiker* in der Edition Erdmann, Tübingen/Basel 1976, S. 203.

6. Kapitel
Muhammad und die Christen

1. Jesus und seine prophetische Sendung

Verkündigung und Geburt Jesu

Der Koran erzählt (in der Sure 19), dass Gott seinen Geist, der mit dem Engel Gabriel identifiziert wird, zur Jungfrau Maria sandte. Maria erschrak vor der plötzlichen Erscheinung. Der Engel verkündete ihr, Gott wolle ihr »einen lauteren Knaben schenken«, den er zu einem Zeichen seiner Barmherzigkeit für die Menschen machen werde. Maria wandte ein, sie sei eine unverheiratete, reine Jungfrau. Der Engel berief sich auf die Allmacht Gottes; außerdem sei es »eine beschlossene Sache«. Durch einen göttlichen Schöpfungsakt, oder, nach einigen Kommentatoren, durch das Einhauchen des Geistes, empfing Maria das Kind Jesus. Um sich dem verleumderischen Verdacht ihrer Verwandtschaft zu entziehen, beschloss Maria, sich zu einem fernen Ort zu begeben, wo sie mit ihren schweren Sorgen einsam weilte. Da überkamen sie die Wehen. Göttlicher Trost wurde ihr dann durch den Mund eines Engels oder ihres gerade geborenen Kindes gespendet. Sie wurde auf das Wasser aufmerksam gemacht, das für sie zu fließen begann, und auch auf die Datteln einer dürren Palme, an deren Stamm sie sich gelehnt hatte. Gott habe sich ihrer Sache angenommen, er werde dafür sorgen, dass die Geburt ihres Kindes ihr nicht zur Schande, sondern zur Ehre gereiche. Maria solle schweigen und warten, bis Gott ihr seine Hilfe zeige. So kehrte Maria zu ihrer Familie zurück. Als diese ihre Vorwürfe und Verwunderung ausdrückte, wies sie auf das Kind. Da sprach das Kind Jesus vor aller Augen und bestätigte seinen göttlichen Auftrag: »Ich bin der Diener Gottes. Er ließ mir das Buch zukommen und machte mich zu einem Propheten« (19,30).

Der Koran hält mit aller Bestimmtheit an der jungfräulichen Geburt Christi fest: Dies bekräftigt er an mehreren Stellen (21,91; 66,12;
vgl. auch 4,156).

Jesus Christus, der Prophet

Gott hat Jesus Christus, den Sohn Marias, mit dem Geist der Heiligkeit gestärkt (2,87) und beauftragt, den Kindern Israels das Evangeli-
um zu verkünden, das Rechtleitung und Licht sowie Erleichterung der
Bestimmungen des Gesetzes der Tora enthält. Jesus bringt auch mehr
Klarheit über manche Glaubensinhalte. Zur Beglaubigung seiner pro-
phetischen Sendung wirkte Jesus verschiedene Zeichen, sagt der Ko-
ran: »Und als Gott sprach: O Jesus, Sohn Marias, gedenke meiner
Gnade zu dir und zu deiner Mutter, als Ich dich mit dem Geist der
Heiligkeit stärkte, so dass du zu den Menschen in der Wiege und als
Erwachsener sprachst; und als Ich dich das Buch, die Weisheit, die
Tora und das Evangelium lehrte; und als du aus Ton etwas wie eine
Vogelgestalt mit meiner Erlaubnis schufest und dann hineinbliesest
und es mit meiner Erlaubnis zu einem Vogel wurde; und als du Blinde
und Aussätzige mit meiner Erlaubnis heiltest und Tote mit meiner
Erlaubnis herauskommen ließest; und als Ich die Kinder Israels von
dir zurückhielt, als du mit den deutlichen Zeichen zu ihnen kamst,
worauf diejenigen von ihnen, die ungläubig waren, sagten: Das ist
nichts als eine offenkundige Zauberei« (5,110).

Trotz dieser klaren Beweise glaubten die Juden nicht an Jesus. Nur
die Jünger erkannten die göttliche Botschaft und schenkten ihr Glauben. Gegen die Ungläubigen und seine Widersacher wurde Jesus von
Gott unterstützt.

Wie endete das irdische Leben Jesu Christi?

Jesus war, wie auch die anderen Menschen, dem Tod unterworfen.
Wann und wie sein irdisches Leben endete, ist eine umstrittene Frage.
Die meisten Kommentatoren des orthodoxen Islams wollen, dass Jesus

nicht am Kreuz starb. An einer Stelle sagt der Koran: »… und weil sie *(die Juden)* sagten: ›Wir haben Christus Jesus, den Sohn Marias, den Gesandten Gottes, getötet‹ – Sie haben ihn aber nicht getötet, und sie haben ihn nicht gekreuzigt, sondern es erschien ihnen eine ihm ähnliche Gestalt … Und sie haben ihn nicht mit Gewissheit getötet, sondern Gott hat ihn zu sich erhoben. Gott ist mächtig und weise« (4,157–158).

So hat Gott, meinen einige Exegeten, Jesus aus den Händen seiner Widersacher errettet. Erst danach ist er gestorben und nach einer sehr kurzen Zeit wieder von den Toten auferweckt und in den Himmel erhoben worden. Andere meinen, dass die Erhebung in den Himmel ohne vorherigen Tod erfolgt sei; Christus werde aber am Ende der Zeit wiederkommen und erst dann sterben.

Was geschah aber am Kreuz? Die Antwort lautet: Entweder schien es den Juden damals, dass Jesus am Kreuz gestorben sei, es war aber ein Irrtum; Gott hatte ihn in Wirklichkeit zu sich in den Himmel erhoben. Oder, wie die meisten Kommentatoren meinen, es wurde zwar jemand gekreuzigt, es war aber nicht Jesus, sondern ein anderer, der wie er aussah.

So stellt der Koran die Lebensgeschichte Jesu, seine Sendung und seinen prophetischen Auftrag dar. Er erwähnt mit keinem Wort sein Erlösungswerk. Denn die Menschen brauchen nach islamischer Lehre keinen Erlöser, sondern Gottes Barmherzigkeit. Jeder ist Sünder vor Gott, und er hat nur seine eigenen Sünden zu verantworten. Desgleichen kann keiner stellvertretend für andere auftreten und ihnen Erlösung bringen. Jesus Christus ist also (nur) einer der größten Propheten der Geschichte, ein Prophet, den Gott mit einer besonderen Gnade und einer wunderbaren Auserwählung ausgezeichnet hat.

2. Die Person Jesu Christi

Die größten Schwierigkeiten in Glaubensfragen zwischen Christentum und Islam beziehen sich auf die Frage: Wer ist Jesus Christus? Der Islam ist eine streng monotheistische Religion, die die Einzigkeit Gottes stark betont. »Ich bezeuge: Es gibt keinen Gott außer Gott«; so lautet der erste Hauptteil des islamischen Glaubensbekenntnisses. Der Monotheismus ist nach der Aussage des Islams auch die Mitte jeder prophetischen Verkündigung und jedes Glaubensinhaltes. So weist der Koran einige Aspekte des christlichen Glaubens zurück, die er als mit dem Monotheismus nicht vereinbar betrachtet.

Der Koran polemisiert nicht pauschal gegen die christliche Lehre, er greift, und dies zunächst einmal in milder Art, dann aber immer schärfer, nur das an, was er die Übertreibung der Christen nennt. In der Beurteilung der Person Jesu Christi stimmt er in vielen Punkten mit der Lehre des christlichen Glaubens überein, lehnt jedoch die Lehre von der Gottheit Christi ab.

Die koranischen Titel Jesu Christi

Jesus – Prophet, Gesandter und Diener Gottes

Jesus, der Sohn Marias, ist der Knecht Gottes. Als neugeborenes Kind bezeugt er selbst: »Ich bin der Diener Gottes ...« (19,30), und Gott sagt von ihm: »Er ist nichts als ein Diener, den Wir begnadet ... haben« (43,59). Der Koran stellt seinerseits in der Gewissheit, dass er dabei eine unumstrittene Aussage macht, fest: »Christus wird es sicher nicht aus Widerwillen ablehnen, Diener Gottes zu sein« (4,172).

Jesus ist ein Diener Gottes, dem besondere Gnade erwiesen wurde (43,59), ein lauterer Junge (19,19), ein Gesegneter (19,31), den Gott »zu einem Beispiel für die Kinder Israels gemacht« hat (43,59). Er wird sich großen Ansehens erfreuen im Diesseits und im Jenseits, und er wird zu denen zählen, die Gott nahestehen (3,45).

Alle diese Auszeichnungen ergeben sich aus der Sendung Christi, denn Gott hat ihn auserwählt, um ihn zum Propheten zu machen

(19,30). Der Koran nennt ihn in einer Liste, auf der nur die Namen der größten Propheten stehen: »Und als Wir von den Propheten ihre Verpflichtung entgegennahmen, und auch von dir und von Noach, Abraham, Mose und Jesus, dem Sohn Marias« (33,7).

Mehr noch als bloßer Prophet ist Jesus als Religionsstifter von Gott gesandt. Ihm wurde der Auftrag erteilt, zu den Kindern Israels eine Schrift zu tragen: Wie Mose die Tora gebracht hatte und wie später Muhammad mit dem Koran kam, so sollte Christus das Evangelium verkünden. Seine Lehre, seine religiösen Kenntnisse und vor allem seine Offenbarungsschrift hat er unmittelbar von Gott erhalten. So ist Christus nicht nur ein Prophet, sondern auch ein großer Gesandter Gottes (3,48–49).

Jesus, der Messias

Der Koran lässt die Engel bei der Verkündigung zu Maria sagen: »O Maria, Gott verkündet dir ein Wort von Ihm, dessen Name Christus (der Messias, der Gesalbte) Jesus, der Sohn Marias, ist« (3,45). Der Titel Messias, der Gesalbte, bedeutet nach islamischer Deutung Folgendes:

- Jesus wurde mit dem Segen Gottes gesalbt.
- Gabriel hat ihn mit seinen Flügeln bedeckt, so dass Satan an ihn nicht herankommen und ihn bei seiner Geburt nicht berühren konnte.
- Die Salbung Jesu bedeutet seine Sündenlosigkeit.
- Die Salbung ist der Segen, den er in der Nachkommenschaft Adams erhielt, vor allem aber durch seine wunderbare Geburt aus der Jungfrau Maria, was sogleich eine Ausnahme vom Gesetz der menschlichen Zeugung bedeutet.
- Jesus wurde mit der Salbe der Propheten gesalbt.
- Im aktiven Sinne ist Jesus der Messias, der Salbende, weil er die Kranken und die Blinden salbte und heilte und weil er die Häupter der Waisen salbte als Opfer für Gott.

Jesus Christus, das Wort Gottes

Wir haben eben einen Vers zitiert, in dem Jesus als ein Wort von Gott
bezeichnet wird (3,45). An einer anderen Stelle sagt der Koran: »Christus Jesus, der Sohn Marias, ist doch nur der Gesandte Gottes und sein
Wort, das Er zu Maria hinüberbrachte ...« (4,171).

Die christlichen Verteidiger des Glaubens haben immer wieder auf
diese Stellen verwiesen, um daraus zu schließen, der Koran habe die
Gottheit Jesu, des ewigen Logos, wenn auch indirekt, anerkannt. Dass
ein Echo der christlichen Lehre hier zu hören ist, kann man nicht bezweifeln. Aber es scheint genauso sicher zu sein, dass Muhammad nur
die Vokabel *Wort* übernommen hat, ohne einen dogmatischen Inhalt
damit zu verbinden. Darum muss diese vage Erinnerung an das christliche Dogma nicht so sehr betont und ausgenutzt werden; denn der
Koran hat an zahlreichen Stellen ausdrücklich verneint, dass Jesus
Sohn Gottes sei.

Wie verstehen aber die islamischen Kommentatoren diese Bezeichnung Jesu als Wort Gottes?

– Jesus wird ein Wort von Gott genannt, weil er kraft eines schöp-
ferischen Wortes von Gott im Schoße Marias gebildet wurde. Der
Koran sagt ja selber: »Mit Jesus ist es vor Gott wie mit Adam. Er
erschuf ihn aus Erde, dann sagte Er zu ihm: Sei!, und er war«
(3,59). Im gleichen Sinne antworten die Engel auf die Frage Marias
nach dem Wie einer jungfräulichen Geburt: »So ist es; Gott schafft,
was Er will. Wenn Er eine Sache beschlossen hat, sagt Er zu ihr nur:
Sei!, und sie ist« (3,47).
– Ohne sich auf bestimmte koranische Stellen zu berufen, meinen
andere Kommentatoren, dass Jesus das Wort Gottes ist, indem er
durch das prophetische Wort, das von Gott ausging und von den
vorangegangenen Propheten verkündet wurde, vorausverkündet
worden ist.
– Jesus hat das Wort Gottes zu den Menschen getragen. Als Verkünder dieser Botschaft wird er als Wort Gottes bezeichnet. Das ist die
dritte Erklärung.

– Jesus ist auch in seiner eigenen Person eine Frohbotschaft von Gott an die Menschen.

Jesus Christus, Geist von Gott

Die Gottheit Jesu folgt auch nicht aus dem Titel »Geist von Ihm« (d. h. von Gott), den der Koran Jesus verleiht (4,171). Die Muslime sagen dazu, Jesus ist durch das Einhauchen des göttlichen Geistes von Maria empfangen worden: »Da bliesen Wir in sie von unserem Geist, und Wir machten sie und ihren Sohn zu einem Zeichen für die Weltenbewohner« (21,91). In dieser Hinsicht ist Jesus wiederum dem ersten Menschen Adam gleich, der durch die Einhauchung des Geistes Gottes erschaffen wurde (vgl. 15,29).

Die Gottheit Jesu Christi

»Christus wird es sicher nicht aus Widerwillen ablehnen, Diener Gottes zu sein, und auch nicht die in die Nähe (Gottes) zugelassenen Engel« (4,172), das ist die dezidierte Haltung des Korans. Er erhebt sich gegen die Übertreibung der Christen und fordert von ihnen, sie sollen nur die Wahrheit sagen und Jesus, dem Sohn Marias, keine Eigenschaften zuschreiben, die ihm nicht zustehen (4,171). Denn alle Menschen stehen vor Gott wie Knechte da, das ist die ihnen allen gehörige Haltung: »Niemand in den Himmeln und auf der Erde wird zum Erbarmer anders denn als Diener kommen können« (19,93).

Alle Argumente, die der Koran den Polytheisten entgegenhält und die oben dargestellt wurden, können hier Anwendung finden: Gott ist auf niemand angewiesen (10,68; 2,116), und wenn er etwas will, so erschafft er es durch sein schöpferisches Wort (2,117) und nicht durch einen Akt der Zeugung (112,3). So hat er kein Kind und auch keine Gefährtin (72,3; 6,101). Der Koran sagt das auch deutlich in Bezug auf Christus: »Es steht Gott nicht an, sich ein Kind zu nehmen. Preis sei Ihm! Wenn Er eine Sache beschlossen hat, sagt Er zu ihr: Sei!, und sie ist« (19,35).

So verwirft der Koran die christliche Lehre, die Jesus Christus als Gottes Sohn betrachtet. Durch verschiedene zusätzliche Argumente versucht er, den Irrtum dieser Lehre nachzuweisen. Er stellt fest, dass Jesus und Maria, seine Mutter, doch wie normale Sterbliche »pflegten, Speise zu essen« (5,75). Im Übrigen hat Jesus selbst in seiner Botschaft, wie sie der Koran wiedergibt, immer wieder betont: »Und Gott ist mein Herr und euer Herr; so dienet Ihm« (19,36; 5,72). Das habe er auch selbst vor Gott im Himmel bezeugt, und zwar in feierlicher Form: »Und als Gott sprach: O Jesus, Sohn Marias, warst du es, der zu den Menschen sagte: ›Nehmt euch neben Gott mich und meine Mutter zu Göttern?‹ Er sagte: Preis sei dir! Es steht mir nicht zu, etwas zu sagen, wozu ich kein Recht habe. Hätte ich es gesagt, dann wüsstest du es … Ich habe ihnen nichts anderes gesagt als das, was du mir befohlen hast, nämlich: ›Dienet Gott, meinem Herrn und eurem Herrn‹…« (5,116–117).

Der Koran stellt in diesem Zusammenhang fest: »Es steht keinem Menschen zu, dass Gott ihm das Buch, die Urteilskraft und die Prophetie zukommen lässt und dass er dann zu den Menschen sagt: Seid meine Diener anstelle Gottes« (3,79).

Wenn die Christen auf ihrer falschen Lehre beharren, so sind sie den Ungläubigen gleich: »Ungläubig sind diejenigen, die sagen: Gott ist Christus, der Sohn Marias, wo doch Christus gesagt hat: ›O ihr Kinder Israels, dienet Gott, meinem Herrn und eurem Herrn.‹ Wer Gott (andere) beigesellt, dem verwehrt Gott das Paradies« (5,72). »Und die Christen sagen: Christus ist Gottes Sohn. Das ist ihre Rede aus ihrem eigenen Munde. Damit reden sie wie die, die vorher ungläubig waren. Gott bekämpfe sie! Wie leicht lassen sie sich doch abwenden! Sie nahmen sich ihre Gelehrten und ihre Mönche zu Herren neben Gott, sowie auch Christus, den Sohn Marias. Dabei wurde ihnen doch nur befohlen, einem einzigen Gott zu dienen. Es gibt keinen Gott außer Ihm. Preis sei Ihm! Erhaben ist Er über das, was sie (Ihm) beigesellen« (9,30–31).

Ähnliche und noch schärfere Töne hört man im folgenden Vers: »Ungläubig sind gewiss diejenigen, die sagen: ›Gott ist Christus, der Sohn Marias.‹ Sprich: Wer vermag denn gegen Gott überhaupt etwas auszurichten, wenn Er Christus, den Sohn Marias, und seine Mutter und diejenigen, die auf der Erde sind, allesamt verderben lassen will?« (5,17).

Für den Koran und Muhammad ist Jesus nicht Gottes Sohn. Er ist aber ein großer Prophet und ein Gesandter Gottes, der durch eine besondere Gnade ausgezeichnet wurde. Er ist und bleibt in seiner Botschaft, in seinem Leben und in seiner Person ein Zeichen der Barmherzigkeit Gottes für die Menschen in aller Welt.

3. Haltung des Korans zu den Christen

In der ersten Periode von Muhammads Verkündigung in Mekka enthält seine Predigt Themen, die stark an die Themen und an die Art der christlichen Prediger erinnern. Es ist so, als ob er sich zu dieser Zeit dem Christentum sehr nah fühlte. Seine Bindungen an die christliche Lehre scheinen ihm so klar zu sein, dass er die Einheit seines Glaubens mit dem der Christen, ja der Monotheisten im Allgemeinen erklärt. So schickt er zur Zeit der Bedrängnis in Mekka im Jahr 615 seine Anhänger zunächst in das christliche Abessinien. Dieses Gefühl der Nähe, der religiösen Verwandtschaft, ja der Zugehörigkeit zum Christentum drückt Muhammad außerdem indirekt in seinen Stellungnahmen zu den Ereignissen aus, die die Öffentlichkeit in Mekka bewegten. So erwähnt er z. B. das Martyrium der Christen von Nadjran im Jemen und nennt sie dabei die »Gläubigen«, die »an Gott glauben« (85,7–8). Ein anderer Text rühmt den Sieg der Byzantiner über die Perser (30,2–5). Baydawi kommentiert den Abschnitt wie folgt: »Es wird berichtet, dass die Perser die Byzantiner angriffen: Sie erreichten sie in Adhruʿat und Busra und besiegten sie. Diese Nachricht wurde in Mekka bekannt. Die Polytheisten freuten sich darüber und machten sich über die Muslime lustig, indem sie sagten: Ihr und die Christen seid Besitzer einer Schrift; wir und die Perser sind Heiden. Unsere Brüder haben eure Brüder besiegt. Und sicherlich werden wir es ebenso mit euch tun.« Die koranischen Verse geben die Antwort Muhammads auf den Spott der Mekkaner wieder.

So war die Haltung des Korans zu den Christen lange Zeit durch Sympathie und Wohlwollen gekennzeichnet. Im Übrigen waren die Christen nicht so zahlreich, dass sie irgendwann eine Gefahr für den Islam bilden konnten. Gewiss findet man im Koran Stellen, an denen Juden und Christen zusammen angegriffen werden, aber diese Auseinandersetzungen waren nie so heftig, dass sie die friedlichen, ja freundschaftlichen Beziehungen zwischen der islamischen Gemeinde und den Christen ernsthaft erschüttern und umkehren konnten. Noch in der vorletzten oder gar letzten Sure des Korans wird den Christen bescheinigt: »... Und du wirst sicher finden, dass unter ihnen diejenigen, die den Gläubigen in Liebe am nächsten stehen, die sind, welche sagen: ›Wir sind Christen.‹...« (5,82).

Erst unter dem Druck der politischen Umstände fand sich Muhammad zu einer härteren Behandlung der Christen bereit. Gegen Ende seines Lebens hatte er sich die Herrschaft über Zentralarabien verschafft; sein Wunschtraum war es, die islamische Vorherrschaft über das ganze arabische Territorium auszuweiten. Hierzu musste jeder Faktor ausgeschaltet werden, der eventuell diesem Wunschtraum entgegenstehen könnte. Nach der Beseitigung der Juden galt es, die Christen unwirksam zu machen. Denn solange sie sich nicht zum Islam bekennen mochten, blieben sie ein Element, das den Glauben der Muslime in Frage stellen und die Einheit der Gemeinschaft gefährden konnte. Ein Feldzug gegen die Christen in Nordarabien (629) brachte jedoch nur Misserfolge, die Muhammad irritierten. Seine Äußerungen wurden heftiger und sein Ton aggressiver. Auch deutliche Drohungen fielen. Schließlich kam der Befehl, alle Nicht-Muslime – Heiden, Juden und Christen – zu unterwerfen (9,29.33). Um seine Absichten durch Taten zu verdeutlichen, führte Muhammad 630–631 einen siegreichen Feldzug gegen die Christen im Norden: Er nahm die Oasen Tabuk, Dumat al-Djandal und Tayma' ein. Ayla (das heutige 'Aqaba) verhandelte mit ihm: Die Klauseln dieser ersten Kapitulation scheinen den zukünftigen Eroberern Syriens als Modell für die von ihnen immer wieder vorgeschlagenen Friedensverträge gedient zu haben. Zur selben Zeit, als Muhammad gegen den Norden zog, nahm eine andere Armee den Weg zum Süden, in Richtung Nadjran im Jemen.

4. Praktische Vorschriften: Keine volle Gemeinschaft mit Juden und Christen

Die Juden und die Christen sind, nach dem Koran, Empfänger der biblischen Offenbarung, auch wenn sie sich nicht dazu entschließen konnten, den Islam anzunehmen. So haben sie zwar keine volle Gemeinschaft mit den Muslimen, sie sind jedoch den Muslimen nicht ganz fremd. Deswegen schreibt der Koran vor, die Juden und die Christen nicht total auszuschließen, aber auch nicht total zu integrieren. Es kann keine volle Gemeinschaft zwischen den Muslimen auf der einen Seite und den Juden und den Christen auf der anderen Seite geben. In Zeiten schwieriger politischer Auseinandersetzung neigte der Koran sogar dazu, Distanz zu den Nicht-Muslimen zu empfehlen.

So erlaubt der Koran den Muslimen, von dem zu essen, was Juden und Christen zubereiten, und er erklärt für zulässig, sie am Essen der Muslime teilnehmen zu lassen. Auch erlaubt er, jüdische oder christliche Frauen zu heiraten: »Heute sind euch die köstlichen Dinge erlaubt. Die Speise derer, denen das Buch zugekommen ist, ist euch erlaubt, und eure Speise ist ihnen erlaubt. Erlaubt sind auch die unter Schutz gestellten gläubigen Frauen und die unter Schutz gestellten Frauen aus den Reihen derer, denen vor euch das Buch zugekommen ist ...« (5,5).

Was die Heirat muslimischer Frauen mit Juden oder Christen anbelangt, so äußert sich der Koran dazu nicht. Die Tradition aber verbietet eine solche Heirat, um den Glauben der Frauen zu schützen.

Wie im Falle der Ungläubigen, werden auch hier die vor allem politischen Interessen der islamischen Gemeinschaft dadurch geschützt, dass man die Juden und die Christen nicht in die volle Gemeinschaft mit den Muslimen aufnimmt. Der Koran warnt vor der Freundschaft und der Allianz vor allem mit den Juden.

Gegen die Freundschaft mit den Juden spricht sich der Koran aus:
»Hast du nicht auf jene geschaut, die sich Leute zu Freunden nehmen,
auf die Gott zornig ist? Sie gehören nicht zu euch, und auch nicht zu
ihnen. Und sie leisten wissentlich falsche Eide« (58,14; vgl. 60,13).
Der Koran begründet diese Bestimmung damit, dass die Juden die
islamische Religion »zum Gegenstand von Spott und Spiel nehmen«
(5,57; vgl. 5,58). Außerdem zeigen die Juden gegenüber den Muslimen
keine Solidarität: »Du siehst viele von ihnen die Ungläubigen zu
Freunden nehmen ... Würden sie an Gott und den Propheten und an
das, was zu ihm herabgesandt wurde, glauben, hätten sie sie nicht zu
Freunden genommen. Aber viele von ihnen sind Frevler« (5,80.81). Sie
sind wie ihre Verbündeten: »O ihr, die ihr glaubt, nehmt euch keine
Vertrauten unter denen, die nicht zu euch gehören. Sie werden euch
kein Unheil ersparen. Sie möchten gern, ihr würdet in Bedrängnis geraten. Der Hass hat sich aus ihrem Munde kundgetan, und das, was
ihre Brust verbirgt, ist schlimmer ... Siehe, ihr liebt sie, sie aber lieben
euch nicht ... Wenn sie allein sind, beißen sie sich gegen euch die Fin-
gerspitzen vor Groll. Sprich: Sterbt an eurem Groll ... Wenn euch Gutes widerfährt, tut es ihnen leid, und wenn euch Schlimmes trifft, freu-
en sie sich darüber. Wenn ihr euch geduldig und gottesfürchtig zeigt,
wird ihre List euch nichts schaden ...« (3,118–120).
      Der Koran stellt für politisch schwierige Zeiten als Grundsatz fest –
und diesmal schließt er auch die Christen mit ein –: »O ihr, die ihr
glaubt, nehmt euch nicht die Juden und die Christen zu Freunden.
Sie sind untereinander Freunde. Wer von euch sie zu Freunden
nimmt, gehört zu ihnen ...« (5,51).

5. Behandlung der Christen

Die Christen werden im Koran wie die Juden grundsätzlich als Gläubige angesehen, die dem Bekehrungszwang nicht ausgesetzt sind (2,256).
Wenn sie den Glauben bewahren und das Gute tun, werden auch sie
ihren Lohn bei Gott erhalten (2,62; 5,69). Schon Gott macht einen

Unterschied zwischen ihnen und den Ungläubigen (vgl. 22,17). Desgleichen soll die islamische Gemeinschaft ihnen eine besondere Behandlung zukommen lassen, denn der Koran bleibt der Freundschaft der Christen zu den Muslimen eingedenk (5,82). Der Koran ist aber irritiert über das, was er die religiöse Übertreibung der Christen in Bezug auf die Gottheit Jesu Christi (4,171; 5,77) nennt. Ein Aufruf zu einem ausgleichenden Gespräch schlug fehl (vgl. 3,64). Muhammad begann daraufhin, eine härtere Sprache zu gebrauchen, die er gegen diejenigen unter den Christen richtete, die er von nun an als schlechte Christen betrachtete. »Hört auf!«, mahnt er sie (4,171).

Der Koran warnt die Christen vor den Folgen ihrer von ihm als Irrtum bezeichneten Lehre, denn sie bringt sie in die Nähe des Unglaubens und macht sie den gefährlichen Juden ähnlich: »… und folgt nicht den Neigungen von Leuten, die früher irregegangen sind und viele irregeführt haben und vom rechten Weg abgeirrt sind« (5,77).

In seiner Empörung bezeichnet der Koran die Christen offen als Ungläubige und findet gegen sie harte Worte: »Ungläubig sind gewiss diejenigen, die sagen: ›Gott ist Christus, der Sohn Marias.‹ Sprich: Wer vermag denn gegen Gott überhaupt etwas auszurichten, wenn Er Christus, den Sohn Marias, und seine Mutter und diejenigen, die auf der Erde sind, allesamt verderben lassen will?« (5,17).

Seine deutliche Drohung wiederholt er in dem Vers, in dem er die Lehre von der Dreifaltigkeit zurückweist: »… Wenn sie mit dem, was sie sagen, nicht aufhören, so wird diejenigen von ihnen, die ungläubig sind, eine schmerzhafte Pein treffen« (5,73).

Nicht nur in ihrer Lehre bilden die schlechten Christen eine Gefahr für die islamische Gemeinschaft. Ihnen wirft der Koran auch schwerwiegende Verhaltensfehler vor, die sie zum sozialen und moralischen Ärgernis für die Gläubigen machen. Wie die jüdischen Gelehrten verlangen auch christliche Mönche, so der Vorwurf des Korans, dass ihre Gläubigen sie zu »Herren« nehmen (9,31): »viele von den Gelehrten und den Mönchen verzehren das Vermögen der Menschen durch Betrug« (9,34); statt für Gottes Sache zu spenden, horten sie Gold und Silber (9,34); »Sie wollen das Licht Gottes mit ihrem Mund aus-

löschen ...« (9,32) und »weisen (die Menschen) vom Weg Gottes ab«
(9,34). Und der Koran muss sich wundern: »Gott bekämpfe sie! Wie
leicht lassen sie sich doch abwenden!« (9,30).

Alle diese Züge machen aus den Christen keine vollwertigen Gläubigen wie die Muslime selbst. Sie sollen der islamischen Gemeinschaft
unterworfen werden: »Kämpft gegen (sie) ..., bis sie von dem, was
ihre Hand besitzt, Tribut entrichten als Erniedrigte« (9,29). So besitzen die Christen in der islamischen Gesellschaft wie die Juden den Status von »Schutzbürgern« *(Dhimmi).*

6. Schutzabkommen mit den Christen

Nordarabien

Im Jahr 630/631 zog Muhammad an der Spitze seiner Truppen nach
Nordarabien. Er machte in Tabuk halt. Dort empfing er den christlichen Gouverneur von Ayla (an der nordöstlichen Spitze des Golfes
von 'Aqaba). Er bot ihm die Wahl zwischen Kampf und friedlicher
Unterwerfung an. Johannes ibn Ru'ba entschied sich für einen Frie-
densvertrag, stellte sich unter den Bundesschutz Gottes und des Propheten Muhammad und verpflichtete sich, einen jährlichen Betrag
von 300 Dinar als Pauschalabgabe zu entrichten. Dies entsprach unge-
fähr der Zahl der erwachsenen Männer der Stadt und bedeutete somit
eine Abgabe von einem Dinar pro Person. Die Stadt verpflichtete sich,
reisende Muslime auf Wunsch zu beherbergen. Ibn Ishaq gibt in seiner
Muhammad-Biographie den Vertragstext, den Muhammad der Stadt
gewährt hat, wieder:

»Im Namen Gottes, des Allbarmherzigen, des Allgütigen! Dies ist
eine Sicherheitsurkunde von Gott und Muhammad, seinem Propheten und Gesandten, für Juhanna ibn Ru'ba und die Bewohner
von Aila, ihre Schiffe und Karawanen zu Wasser und zu Land. Sie
sowie alle Syrer, Jeremiten und Seeleute, die sich bei ihnen aufhal-

ten, stehen unter dem Schutz Gottes und des Propheten Mohammed. Wer den Vertrag bricht, indem er etwas Neues hinzufügt,
den schützt sein Besitz nicht. Er gehört dem, der ihn sich nimmt.
Sie dürfen nicht am Zugang zu einem Brunnen und weder zu
Wasser noch zu Lande an der Benutzung eines Weges gehindert
werden.«[1]

Die Texte der Abmachung, die Muhammad mit dem christlichen
Herrn von Dumat al-Djandal, Ukaydir, schloss, und die Umstände
der Unterwerfung der Stadt sind von verschiedenen Quellen so unter-
schiedlich wiedergegeben, dass man viele Einzelheiten nur mit Vor-
sicht behandeln sollte. Man kann annehmen, dass von den Bewohnern
der Stadt eine Abgabe gefordert wurde als Gegenleistung für die Sicherheitsgarantie für Leben und bebautes Land, die ihnen der Prophet
gewährte. Nur brachliegende Flächen wurden enteignet und unter die
Muslime verteilt.

Das Abkommen mit den Nadjranern[2]

Über die Nadjraner und ihre Beziehungen zur islamischen Gemeinschaft in Medina enthalten die muslimischen Quellen mannigfaltige
Angaben. Sie gruppieren sich um folgende Themen: Gesandtschaft
nach Medina, Diskussion mit Muhammad und anschließendes Got-
tesurteil (Ordal); Abschluss eines Abkommens zwischen den beiden
Parteien; Erneuerung des Vertrages unter den rechtgeleiteten Khalifen
und weiteres Schicksal der Nadjraner. Wir werden uns hier nur mit
den beiden ersten Themen befassen.

---

[1] *Das Leben des Propheten.* Übersetzung von G. Rotter, S. 235.
[2] Vgl. W. Schmucker, Die christliche Minderheit von Nadjran und die Problematik
ihrer Beziehungen zum frühen Islam, in: Studien zum Minderheitenproblem im
Islam 1, Bonn 1973, S. 183–281, hier: 183–247.

Gottesurteil

Die Ordalszene in der muslimischen, sowohl der sunnitischen als auch der schiitischen Literatur, wurde von zahlreichen Einzelheiten über- wuchert. Das macht es besonders schwer, sich zu entscheiden, ob man hier überhaupt einen geschichtlichen Hintergrund annehmen kann und was im Einzelnen als geschichtlich gesichert zu gelten hat.

Wenn man die Bemühungen der späteren Autoren beachtet, einen Zusammenhang zwischen allen Ereignissen um die Nadjraner zu fin- den oder auch zu erfinden, und wenn man die Tendenz der Koran- kommentatoren berücksichtigt, immer wieder geschichtliche Hinter- gründe für Koranverse nachzuweisen, kann man berechtigte Zweifel an vielen Einzelheiten der Erzählliteratur hegen. Islamische Quellen sehen es so:

»… Im Jahr 10 H, jedenfalls in den letzten Jahren der medinensi- schen Periode, traf unter den bekannten Gesandtschaften, die Mo- hammed in Medina ihre Aufwartung machten, auch eine christlich- nadjranische Delegation ein (…). Die Angaben über Zahl und Zusammensetzung dieser Gruppe sowie über den Zweck ihres Be- suchs schwanken beträchtlich. Die Mehrzahl dieser Berichte kön- nen wir getrost dem Bereich der Fabel und Legende zuweisen; denn Tenor und Gehalt kennzeichnen sie deutlich als solche. Die Mehrzahl der darüber vorliegenden Nachrichten spricht sich – um hier alle unwesentlichen Details, die von der Tradition mit bedenk- licher Sorgfalt, aber auch mit blühender Fantasie herbeigebracht wurden, beiseite zu lassen – dahingehend aus, dass bald nach der Ankunft – nach einem Einführungsgespräch und einer ersten Auf- forderung zum Islam – ein christologisches Streitgespräch zwischen den Nadjranern und Mohammed stattfand. Dieses gipfelte in der Auseinandersetzung darüber, wie die Natur des von den Christen behaupteten Gott-Menschentums Jesu beschaffen sei: urewig und anfanglos oder irdisch-erschaffen gleich der Adams. Die Christen argumentierten nicht schlecht, und man lässt den Eindruck entste- hen, als würden die Muslime in die Enge getrieben. Diese Unterlegenheit ist aber nur scheinbar; denn ein *deus ex machina* erscheint während der Verteidigungsrede Mohammeds, der Botenengel Gabriel, und souffliert dem Propheten die Verse 59 (52), 60 (53) und 61 (54) der Sure 3, womit der Streitfall theoretisch zugunsten der Muslime entschieden ist.

Dem unwiderlegbaren Beweis des Buches sollten sich die Christen eigentlich beugen. Aber auch die erneute Aufforderung Mohammeds, sich zum Islam zu bekehren, lehnen sie ab. Unbelehrbar, wie sie sind, verfallen sie also dem Gericht der Mubahala, wie es Vers 61 (54) der erwähnten Surat 'Imran vorschreibt. Nun erbitten sich die Nadjraner jedoch einen Aufschub, d. h. eine Bedenkzeit zur Beratung. Die aus den Häuptern der Delegation bestehende Ratsversammlung beschließt unter dem Eindruck des vorausgeahnten Unheils, das ihre Gemeinschaft und Heimat treffen würde, und der angeblich von ihnen mehr und mehr Besitz ergreifenden Gewissheit, dass Mohammed wirklich der verheißene Prophet sei, diesen zu ersuchen, sie von der Mubahalaverpflichtung zu entbinden. Am darauffolgenden Tage versammeln sich die beiden Schwurgruppen samt ihrem Anhang an einem bestimmten Platze, wo das Ordal vollzogen werden soll. Beide Teile entsenden als Bürgen und Zeugen angesehene Personen aus ihrer Mitte in die Auseinandersetzung. Dazu kommt es jedoch nicht, da die Nadjraner, wie ausgemacht, Mohammed umzustimmen versuchen. Das gelingt ihnen mit allerlei Argumenten auch. Schließlich schlagen sie vor, ein jeder möge den andern bei seinem Glauben belassen, und sie erklären sich bereit, stattdessen ein gesichertes Vertragsverhältnis einzugehen, das ihre unveräußerlichen Rechte bestimmt, aber auch ihre Pflichten, finanziellen Ausgleich einbegriffen, festlegt. Diesem Wunsch wird entsprochen, und man schließt einen unverbrüchlichen Schutzbund (*Dhimma*, '*ahd*).«[3]

---

[3] Schmucker, S. 187–189.

Nach Lage der juristischen und Geschichtsquellen, die dem Gottes-
urteil kaum oder viel weniger Bedeutung in diesem Zusammenhang
beimessen, darf man sagen, dass eine unmittelbare Verbindung zwischen den hier zitierten Koranversen und den Ereignissen um die
Nadjraner Gesandtschaft nicht als sicher angenommen werden kann.
Vielleicht hat man die vielen Einzelheiten nur angegeben, um den Versen einen geeigneten Rahmen zu schaffen. In den Augen der theologi-
schen und frommen Literatur ist das Ordal wichtig als Mittel zur
Wahrheitsfindung und Bestätigung der prophetischen Sendung Muhammads und der unabweisbaren Überlegenheit des Islams über jede
andere Religion.

»Das Gottesgericht der Mubahala steht in keinerlei historischer
Verbindung zur Koransure, die wahrscheinlich ihrerseits keinen geschichtlichen Bezug hat. Der anekdotenhafte Bericht um das Ordal,
eine ätiologische Legende, entstand im Rahmen der Korandeutung
und ihrer ›Hilfswissenschaften‹, die in einer legendenhaft auf-
gebauschten Nadjraner Rahmenerzählung, in deren Mitte sie jenen
Koranvers einbetteten, ein brauchbares Mittel erblickten, grundsätzlich und relevante theologisch-politische Fragen des frühen Islam zu erörtern.«[4]

Das Nadjraner-Abkommen

Es ist nicht mit Sicherheit auszumachen, ob dieses Abkommen zur
gleichen Zeit und Gelegenheit wie die vorhin besprochene Begegnung zwischen den Nadjranern und Muhammad in Medina zustande
kam. Die Angaben sind so verworren, dass man in Bezug auf die his-
torischen Ereignisse hier auf Hypothesen und Vermutungen angewiesen ist.

Vielleicht war der Grund, der die Nadjraner dazu veranlasste, Medina zu besuchen und Gespräche mit Muhammad zu führen, nicht
nur oder gar nicht religiöser, sondern eher politischer und wirtschaft-

---

[4] Schmucker, S. 232.

licher Natur. Die mächtigste Handelsmetropole des Südens zeigte Interesse daran, sich über die Stärke, die Absichten und Pläne der im Norden (also in Medina) sich bildenden politischen Kraft zu informieren. Eventuell lag es nahe, mit dem islamischen Staat ein Abkommen auszuhandeln, das die Interessen beider Parteien sicherte.

Wie der Text des ausgehandelten Abkommens aussah, lässt sich heute kaum rekonstruieren. Der uns erhaltene Text ist nur ein Zeugnis für die Tatsache, dass die Nadjraner, oder wenigstens die Christen unter ihnen, wohl einen Vertrag mit den Muslimen abgeschlossen hatten.

»Die zahlreichen glaubwürdigen Zeugnisse der Folgezeit bestätigen diese Annahme. Allein über das Aussehen dieser Vereinbarung, die offensichtlich eine der frühesten und vielleicht später modellierten war, lässt sich schlecht spekulieren.«[5]

Fest steht, dass die Abmachung im Interesse der beiden Parteien stand. Diese verpflichteten sich, Leistungen zugunsten der anderen Seite zu erbringen. Es war nicht die Entrichtung einer Kopfsteuer oder irgendeiner anderen Art von Steuern (diese Entwicklung gab es noch nicht im islamischen System). Auch spätere Autoren vermerken, dass die Entrichtung einer Kopfsteuer den Taghlib-Stamm und die Nadjraner nicht betraf.

»Der wie immer geartete Vertrag oder Teilvertrag gewährte den Nadjranern unter Anerkennung gewisser moralischer und finanzieller Forderungen muslimischerseits eine ziemlich weitgehende politisch-religiöse Autonomie und wirtschaftliche Autarkie, die sich sehr vorteilhaft für sie entwickeln sollte. Besonders wichtig in diesem Zusammenhang ist die feierliche Ratifikation dieses Abkommens, eines unverbrüchlichen Eids, durch das Ehrenwort des Propheten geheiligt und unter Anteilnahme genannter Zeugen besiegelt.«[6]

---

[5] Schmucker, S. 244.
[6] Schmucker, S. 247.

Da der überlieferte Text aber in der islamischen wie in der christlichen
Tradition Modellcharakter trägt und äußerst wichtig für die Gestaltung der Beziehungen zwischen Muslimen und Christen erscheint,
soll er hier wiedergegeben werden.

»Im Namen Gottes, des Barmherzigen, des Gütigen.
Hier ist, was der Prophet Muhammad für die unter seiner Autorität
stehenden Bewohner Nadjrans festgesetzt hat in Bezug auf die
Früchte, die gelben und weißen Münzen und die Sklaven. Er über-
lässt ihnen großzügig dies alles, dafür liefern sie 2000 Kleider im
Wert von je einer Unze Silber, und zwar jeweils 1000 im Monat
Radjab und 1000 im Monat Safar. Was sie mehr oder weniger als
die festgesetzte Zahl entrichten, wird ihnen abgerechnet; desgleichen alles, was sie sonst liefern, wie z. B. Kettenwesten, Pferde, Last-
tiere oder andere Gegenstände.
Den Nadjranern liegt es ob, für den Unterhalt und weitere Liefe-
rungen für meine Abgesandten für die Dauer von höchstens einem
Monat zu sorgen.
Meine Abgesandten dürfen nicht länger als einen Monat aufgehal-
ten werden. Im Kriegsfall oder bei einem Aufstand im Jemen haben
die Nadjraner meinen Abgesandten 30 Kettenwesten, 30 Pferde und
30 Kamele als Leihgabe bereitzustellen. Was von diesen Kettenwesten, Pferden oder Kamelen verlorengeht, geht auf die Liste meiner
Abgesandten, bis sie sie den Nadjranern ersetzt haben.
Der Schutz Gottes und die Sicherheitsgarantie des Propheten Muhammad, des Gesandten Gottes, erstrecken sich auf die Bewohner
Nadjrans und seines Umlandes in Bezug auf ihr Eigentum, ihre Personen, ihre Familien, ihre Bethäuser und alles, was, klein und groß,
sich in ihrem Besitz befindet.
Kein Bischof wird von seinem Bischofssitz, kein Mönch von seinem
Kloster, kein Pfarrer von seiner Pfarrei versetzt. Keine Demütigung
wird ihnen auferlegt, auch lastet auf ihnen kein Blut aus der Zeit
vor ihrer Unterwerfung, das nach Rache verlangt. Sie werden nicht
eingezogen, man wird von ihnen das Zehntel nicht fordern. Keine

Truppen werden ihr Land betreten. Und wenn einer von ihnen sein Recht fordert, so soll unter ihnen Gerechtigkeit herrschen. So werden sie weder unterdrücken noch unterdrückt werden.

Wer von ihnen in Zukunft Wucherzins nimmt, der wird von meinem Schutzbund ausgeschlossen. Keiner von ihnen trägt die Verantwortung für die Schuld eines anderen.

Die Garantie Gottes und der Schutz des Propheten Muhammad, des Gesandten Gottes, bestätigen den Inhalt dieses Schreibens, bis zu dem Tag, an dem Gott seine Macht zeigt, solange die Nadjraner ihre gute Einstellung behalten und ihre Verpflichtungen erfüllen. Sie haben keine Beleidigung zu erleiden.

Zeugen: Abu Sufyan ibn Harb, Ghaylan ibn 'Amr, Malik ibn 'Awf al-Nasri, Aqra' ibn Habis als-Hanzali, al-Mughira ibn Shu'ba. Dies wurde von 'Abdallah ibn Abu Bakr geschrieben.«[7]

7. Schlussbemerkungen

Die Polemik des Korans gegen die Juden und die Christen kreist vor allem um die Frage der Anerkennung der prophetischen Sendung Muhammads und der Echtheit der koranischen Offenbarung. Die sozialen und politisch relevanten Bestimmungen des Korans beziehen sich auf die damaligen Umstände des Lebens der islamischen Gemeinschaft, die sich in einem Lebenskampf gegen ihre Feinde befand und diesen Kampf bestehen musste.

Der Status von »Schutzbürgern«, in den der Koran Juden und Christen versetzt, bedeutet jedoch keine endgültige Aufhebung der Tora und des Evangeliums. Im Gegenteil, dieser Status bedeutet, dass Juden und Christen frei sind, ja dazu verpflichtet werden, ihre eigenen Gesetze zu befolgen.

---

[7] Zitiert bei M. Hamidullah, *Le Prophète de l'Islam*, I, Paris 1959, S. 415–416.

»Sprich: O ihr Leute des Buches, ihr entbehrt jeder Grundlage, bis ihr die Tora und das Evangelium und das, was zu euch von eurem Herrn herabgesandt wurde, einhaltet« (5,68; vgl. 5,66).

Der Koran spricht sich deutlich und entschieden für dieses Nebeneinander verschiedener religiöser Gesetze aus: der Tora, des Evangeliums und des Korans (vgl. 5,43–48).

Dass die Juden und die Christen im Laufe der Zeit unter einer manchmal schweren Unterwerfung, ja Unterdrückung zu leiden hatten, hängt mit dem Geist der jeweiligen Zeit zusammen. Dass sie jedoch in die mehrheitlich islamische Gesellschaft nicht voll integriert wurden, beruht auf einer Verallgemeinerung der zeitbedingten Vorschriften des Korans. Ob nun diese Vorschriften für alle Zeiten Geltung haben müssen, ist eine Anfrage an den Islam.

7. Kapitel
Wer ist Muhammad für die Muslime?

Für die gläubigen Muslime, die von den Angaben des Korans und der
Überlieferung ausgehen, und für die Volksfrömmigkeit ist Muhammad der Prophet und Gesandte Gottes, die mit höchster Autorität ver-
sehene letzte Instanz in Fragen des Gesetzes, der Rechtsbestimmungen
und der praktischen Entscheidungen und Verhaltensmuster. Er ist das
Vorbild derer, die in Frömmigkeit Gott dienen und sittlich gut handeln wollen. Endlich ist er der begnadete Auserwählte Gottes, den
Gott mit mancherlei Gaben ausgezeichnet hat.

1. Muhammad, der Prophet

Bereits in seinem Berufungserlebnis hatte Muhammad vernommen,
wozu ihn Gott bestellt hatte: »Lies im Namen deines Herrn, der erschaffen hat!« (96,1); »Steh auf und warne!« (74,2). Dass Muhammad
ein Prophet Gottes und ein Prediger und Warner im Auftrage Gottes
ist, verkündet der Koran in unzähligen Versen.

Muhammad wurde zu seinen Landsleuten gesandt, um ihnen die
Grundoffenbarung in ihrer eigenen Sprache zu bringen und zu verkünden: »Beim deutlichen Buch! Wir haben es zu einem arabischen
Koran gemacht, auf dass ihr verständig werdet. Er ist aufgezeichnet
in der Urnorm des Buches bei Uns, erhaben und weise« (43,2–4; vgl.
41,2–4; 16,103; 12,2; 39,28; 42,7; 46,12; 13,37).

Dieser arabische Koran ist eine Abschrift der im Himmel auf-
bewahrten Urschrift: »Das ist wahrscheinlich ein trefflicher Koran in
einem wohlverwahrten Buch, das nur die berühren dürfen, die rein
gemacht worden sind; Herabsendung vom Herrn der Welten«
(56,77–80; vgl. 85,21–22; 43,4).

Die Botschaft des Korans stimmt mit den früheren Offenbarungen überein, und die Rolle des Propheten Muhammad und sein Schicksal sind denen der früheren Propheten ähnlich: »Er hat auf dich das Buch mit der Wahrheit herabgesandt als Bestätigung dessen, was vor ihm vorhanden war. Und Er hat die Tora und das Evangelium herabgesandt zuvor als Rechtleitung für die Menschen ...« (3,3–4; vgl. 35,31; 10,37; 46,12; 5,48).

Diese Übereinstimmung mit den früheren Schriften ist übrigens den ungläubigen Arabern aufgefallen; sie machten dem Propheten Muhammad daraus einen Vorwurf (vgl. 68,15; 16,24). Auch die Juden, betont der Koran, erkennen diese Übereinstimmung (6,20; vgl. 6,114), auch wenn sie sich weigern, die Echtheit der prophetischen Sendung Muhammads anzuerkennen. Für Muhammad selbst ist diese Übereinstimmung des Korans mit der Tora und dem Evangelium ein Zeichen der Wahrheit seiner Botschaft (vgl. 10,94). Der Koran meint sogar, dieses Zeichen sollte eigentlich alle Menschen überzeugen (26,195–197).

Wie vor ihm die Tora und das Evangelium, ist der Koran ein Licht und eine Rechtleitung. Er ist ein Gnadenerweis von Gott, ein Zeichen seiner Barmherzigkeit: »Und Wir haben auf dich das Buch nur deswegen hinabgesandt, damit du ihnen das deutlich machst, worüber sie uneins waren, und als Rechtleitung und Barmherzigkeit für Leute, die glauben« (16,64; vgl. 21,107).

So sind der Prophet und seine Botschaft Zeugen für Gott vor den Menschen und auch Zeugen Gottes gegen die Menschen, wenn diese seiner Offenbarung den Glauben verweigern (73,15). Der Koran, als letzte Kundgebung des göttlichen Gesetzes, setzt die Linie, die von der Tora zum Evangelium ging, fort. Er bringt die endgültige Klarheit über strittige Fragen, soweit es Gott will (16,64; vgl. 27,76–77).

Er bringt auch die endgültige Erleichterung des göttlichen Gesetzes: »Und Gott will sich euch zuwenden ... Gott will euch Erleichterung gewähren. Der Mensch ist ja schwach erschaffen worden« (4,27–28). – »Er hat euch erwählt. Und Er hat euch in der Religion keine Bedrängnis auferlegt« (22,78; vgl. 5,6: Waschungen und Gebet; 7,157: Die den Juden auferlegten Erschwernisse sollen beseitigt werden ...).

Der Islam, der von Muhammad verkündet wird, steht zwar in Kontinuität mit den früheren prophetischen Sendungen und Botschaften, er stellt jedoch die endgültige Gestalt der von Gott gewollten Religion dar. Er hebt somit alle anderen und früheren Formen der Religion in ihrer universalen Geltung auf und setzt sie entsprechend außer Kraft. Denn Muhammad ist als Prophet über die Grenzen Arabiens hinaus zu allen Menschen gesandt: »Sprich: o Mensch, ich bin an euch alle der Gesandte Gottes« (7,158). – »Und Wir haben dich für die Menschen allesamt nur als Freudenboten und Warner gesandt. Aber die meisten Menschen wissen nicht Bescheid« (34,28; vgl. 21,107).

Es gilt also folgende ausdrückliche Aussage: »Die Religion bei Gott ist der Islam ...« (3,19; vgl. 48,28); – »Heute habe ich eure Religion vervollkommnet und meine Gnade an euch vollendet, und Ich habe daran Gefallen, dass der Islam eure Religion sei« (5,3; vgl. 5,6).

Die islamische Gemeinschaft, die sich vom Koran leiten lässt, ist auch das Vorbild aller anderen Religionsgemeinschaften. Sie ist das Zeugnis Gottes vor den Menschen und gegen alle Menschen: »Und so haben Wir euch zu einer in der Mitte stehenden Gemeinschaft gemacht, auf dass ihr Zeugen seid über die Menschen und dass der Gesandte Zeuge sei über euch« (2,143).

So hat mit Muhammad nach islamischem Glauben die Prophetengeschichte ihren letzten Höhepunkt und ihre endgültige Etappe erreicht: Muhammad wird bezeichnet als »das Siegel der Propheten« (33,40).

Die islamische Überlieferung *(Hadith)* hat in mehreren Erzählungen erwähnt, wie Muhammad selbst diese Aussagen aufgenommen und bestätigt habe.

– Ich habe fünf Namen: Ich bin Muhammad; ich bin Ahmad; ich bin der Vertilger, mit dem Gott den Unglauben austilgt; ich bin der Versammler, der die Menschen zu seinen Füßen versammelt; und ich bin der (letzte) Nachfolger (nach Djubayr ibn Mut'im, bei Bukhari, Muslim, Tirmidhi).

– Mit mir und den Propheten vor mir ist es wie mit einem Mann,
der ein Haus gebaut hat. Er machte es gut und gestaltete es schön,
mit Ausnahme der Stelle eines Lehmsteines in einer Ecke. Die Menschen gingen um es herum, wunderten sich und sagten: Würde
doch der (fehlende) Lehmstein dorthin gelegt! Er sagte: Ich bin
der Lehmstein, und ich bin das Siegel der Propheten (nach Abu
Hurayra, bei Bukhari, Muslim, Tirmidhi).
– Früher wurden die Propheten speziell zu ihrem jeweiligen Volk
geschickt, ich aber wurde zu den Menschen allgemein geschickt
(nach Djabir, bei Bukhari, Muslim, Tirmidhi, Nasa'i).[1]

2. Muhammad, der Gesandte Gottes

Über die prophetische Verkündigung hinaus hat Muhammad nach islamischem Glauben den Auftrag erhalten, den Koran als heiliges Buch
seiner Gemeinde und den Menschen zu hinterlassen. Dieses Buch ist
die Urkunde der Offenbarung, das Gesetz Gottes, das immer wieder
als der gerade Weg (vgl. Koran 10,25; 15,41), der Weg Gottes (vgl.
14,3; 16,94; 47,32; 58,16) bezeichnet wird. Somit ist Gott der Garant
der Richtigkeit seines Inhalts; er erklärt es für verbindlich und fordert
von den Menschen Gehorsam und Gefolgschaft: »Und dies ist ein
Buch, das Wir hinabgesandt haben, ein gesegnetes (Buch). Folgt ihm
und seid gottesfürchtig, auf dass ihr Erbarmen findet« (6,155).

Dem gläubigen Muslim wird dieser Weg Gottes durch Muhammad
bekanntgemacht und verkündet, so dass ihm der Weg Gottes praktisch
als der Weg des Gesandten Gottes erscheint und die Verpflichtung, Gott
zu folgen, sich in der Verpflichtung konkretisiert, dem Weg des Gesandten zu folgen. Der Koran selbst führt durch verschiedene Äußerungen
dazu, die Identifizierung der beiden Wege in der Praxis anzunehmen.

Zum einen wird von den Muslimen gefordert, sich der Führung des
Gesandten zu unterwerfen und ihm zu folgen (7,158; vgl. 60,12; 14,44;

---

[1] Vgl. mein Buch: *So sprach der Prophet*, S. 84–86.

26,216). Denn die Liebe zu Gott drückt sich in der treuen Gefolgschaft aus, die man dem Gesandten erweist: »Sprich: Wenn ihr Gott liebt, dann folgt mir, so wird Gott euch lieben und euch eure Sünden vergeben« (3,31).

Auf der anderen Seite wird eine feste Verbindung zwischen Gott und seinem Gesandten hergestellt, so dass man den Gehorsam gegen Gott vom Gehorsam gegen seinen Gesandten nicht trennen kann. Der Koran erwähnt beide zusammen. »Gehorchet Gott und dem Gesandten«, schärft der Koran den Gläubigen ein (3,32.132; 8,1.46; 9,71; 3,33.71; 58,13 usw.). Diese dürfen sich Gott und seinem Gesandten nicht widersetzen (8,13; 58,5.20; 59,4), ihnen den Gehorsam verweigern (4,14; 33,36) oder gar ihnen gegenüber treulos sein (8,27).

Manche Ausdrücke des Korans bringen eine sprachliche Variante, die, so will mir scheinen, einen Übergang zu einer weiteren Perspektive einleitet. Es wird nicht mehr einfach befohlen: Gehorchet Gott und dem bzw. seinem Gesandten, sondern: Gehorchet Gott und gehorchet dem Gesandten (4,59; 5,92; 47,33). Diese grammatikalische Trennung bedeutet nicht eine Spaltung zwischen der Autorität Gottes und der seines Gesandten, sie weist nur darauf hin, dass Gott seinen Gesandten beauftragt hat, die Offenbarung und das Gesetz zu verkünden und dass im Endeffekt eine vollkommene Übereinstimmung zwischen dem Gesandten und dem ihn legitimierenden Gott besteht. Die Parallelstellung der beiden Autoritäten ermöglicht jedoch, dass auf Dauer und in der Alltagspraxis nur noch der Prophet als gesetzgeberische Autorität genannt wird, wobei immer vorausgesetzt wird, dass er selbst seine Autorität letztlich von Gott erhält. Dies zeigt sich schon in einem Vers wie diesem: »Und wenn zu ihnen gesagt wird: Kommt her zu dem, was Gott herabgesandt hat, *und zum Gesandten*, siehst du die Heuchler sich klar von *dir* abwenden« (4,61).

Es geht hier vor allem um Entscheidungen in Einzelfragen nach den Rechtsnormen des Gesetzes. Gerade für solche praktischen Fälle brauchte Muhammad mehr persönliche Entscheidungsfreiheit als für die Grundsatzfragen, bei denen die direkte Autorität Gottes angesprochen wurde. Und so konnte es eine Hilfe für ihn und für die Gemeinschaft sein, wenn seine Autorität so weit anerkannt wurde, dass er allein, zwar auf dem Hintergrund seiner Legitimierung durch Gott, aber nicht immer aufgrund einer unmittelbaren Offenbarung, über konkrete Fälle entscheiden konnte. Deswegen betont der Koran diese Befugnisse des Propheten, ohne immer den garantierenden Namen Gottes zu erwähnen.

Folgende Koranstellen verdeutlichen diese Perspektiven:

– Gott und der Gesandte entscheiden zusammen: »O ihr, die ihr glaubt, gehorchet Gott und gehorchet dem Gesandten und den Zuständigen unter euch. Wenn ihr über etwas streitet, so bringt es vor Gott und den Gesandten, so ihr an Gott und den Jüngsten Tag glaubt. Das ist besser und führt zu einem schöneren Abschluss« (4,59).

– Gott und der Gesandte werden angegangen, aber der Gesandte ist es, der die Entscheidung trifft: »Und wenn sie zu Gott und seinem Gesandten gerufen werden, damit er *(= der Gesandte)* zwischen ihnen urteile, wendet sich gleich ein Teil von ihnen ab« (24,48; gleiche Formulierung: 24,51; vgl. auch 24,54).

– So ist die Anwesenheit des Gesandten mitten unter den Muslimen eine Garantie für die Wahrheit des Glaubens und die Richtigkeit des Weges der Gemeinschaft: »Wie könnt ihr ungläubig werden, wo euch die Zeichen Gottes verlesen werden und sein Gesandter unter euch ist? Wer an Gott festhält, wird zu einem geraden Weg geleitet« (3,101).

– Der Gesandte ist ein von Gott autorisierter Schiedsrichter und eine letzte Entscheidungsinstanz: »Nein, bei deinem Herrn, sie glauben nicht (wirklich), bis sie dich zum Schiedsrichter nehmen über das, was zwischen ihnen umstritten ist, und danach wegen deiner Entscheidung keine Bedrängnis in ihrem Inneren spüren, sondern sich in völliger Ergebung fügen« (4,65).

– So fordert der Koran von den Gläubigen den Gehorsam gegen
den Gesandten, der hier dann allein erwähnt wird:»... und gehorchet dem Gesandten ...« (24,56; vgl. 24,54; 58,8).
– Dafür gibt es zwei Gründe:»Und Wir haben die Gesandten nur
deswegen entsandt, damit man ihnen gehorcht mit der Erlaubnis
Gottes ...« (4,64); –»Wer dem Gesandten gehorcht, gehorcht Gott«
(4,80).

Auch die Überlieferung bekräftigt, dass Muhammad der von Gott be-
stellte Leiter der Muslime und von ihm autorisierte Entscheidungsträ-
ger ist. Im Folgenden seien einige Aussprüche Muhammads selbst
nach den Erzählungen der Tradition wiedergegeben:

– »Wenn ich euch etwas verboten habe, dann meidet es. Und wenn
ich euch etwas geboten habe, so vollbringt es, so viel ihr könnt ...«
(nach Abu Hurayra, bei Bukhari, Muslim, Tirmidhi).
– »Die wahrhaftigste Botschaft ist das Buch Gottes. Die schönste
Rechtleitung ist die Rechtleitung Muhammads« (nach Djabir, bei
Nasa'i, Bukhari, Muslim).
– »Mit mir und mit dem, womit Gott mich geschickt hat, ist es wie
mit einem Mann, der zu seinem Volk kam und sagte: O mein Volk,
ich habe die Truppen mit meinen eigenen Augen gesehen, und ich
hin euch ein Warner, der nackt auftritt. So rettet euch selbst!
Ein Teil von seinem Volk gehorchte ihm und begann sofort auf-
zubrechen. Und so konnten sie in Ruhe wegziehen.
Ein anderer Teil von ihnen bezichtigte ihn der Lüge und blieb am
Ort. Die Truppen erreichten sie am Morgen, sie brachten Verderben über sie und rotteten sie aus.
So verhält es sich mit dem, der mir gehorcht und das befolgt, womit ich gekommen bin, und mit dem, der gegen mich ungehorsam
ist und das für Lüge erklärt, was ich von der Wahrheit gebracht habe« (nach Abu Musa al-Ash'ari, bei Bukhari, Muslim).
– »Meine gesamte Gemeinschaft wird in das Paradies eingehen, nur
der nicht, der sich weigert. Sie sagten: O Gesandter Gottes, und wer

ist der, der sich weigert? Er sagte: Wer mir gehorcht, geht ins Paradies ein. Und wer gegen mich ungehorsam ist, der weigert sich«
(nach Abu Hurayra, bei Bukhari).[2]

3. Muhammad, Vorbild für die Gläubigen

Der Koran bestätigt Muhammad, dass er »großartige Charakterzüge«
besitzt (68,4). So ist es nicht verwunderlich, dass er ihn den gläubigen
Muslimen als Vorbild hinstellt und ihnen empfiehlt, nach seinem
schönen Beispiel zu handeln: »Ihr habt im Gesandten Gottes ein schönes Vorbild, (und zwar) für jeden, der auf Gott und den Jüngsten Tag
hofft und Gottes viel gedenkt« (33,21). Vorbild ist er also in Bezug auf
die Frömmigkeit und die moralischen Tugenden.

Von diesen Tugenden gibt es in der islamischen Literatur aus verschiedenen Zeiten Auflistungen, die sich auf die Zeugnisse der Gefährten Muhammads stützen und die davon ausgehen, dass die Tugenden,
die Muhammad den Muslimen empfohlen hat, auch bei ihm selbst an-
zutreffen sind.

In einer apologetischen Dogmatik vom Anfang dieses Jahrhunderts
(*al Husun al-hamidiyya*, von Husayn al-Djisr, Kairo 1905) findet sich
folgende Liste: geistige Fähigkeiten, Sanftmut, Freigebigkeit, Mut, ge-
schlechtliches Zartgefühl, Heiterkeit und Liebenswürdigkeit im Umgang, Erkenntlichkeit, Bescheidenheit, Gerechtigkeit und Unbestech-
lichkeit, gesetztes Wesen, Weltverachtung.[3]

Ein zeitgenössischer Autor[4] zählt folgende Charakterzüge des Propheten auf: Mut, Freigebigkeit, Gerechtigkeit, Keuschheit, Aufrichtigkeit, Treue, Geduld, Nachsicht und Langmut, Bereitschaft zu vergeben,
Barmherzigkeit, Bevorzugen des Friedens, Weltverzicht, Schamhaftig-

---

[2] Die Texte sind meinem Buch *So sprach der Prophet* entnommen: S. 321, 95, 94, 95.
[3] Nähere Ausführungen bei H. Stieglecker, *Die Glaubenslehren des Islam*, S. 465–470.
[4] Ahmad Muhammad al-Hufi, *Min akhlaq al-Nabi*, Kairo 1979, S. 69–401.

keit, Demut, Pietät, guter Umgang, Liebe zur Arbeit, Heiterkeit und
Witz.

Eine ähnliche Liste, versehen mit kurzen Sätzen aus der islamischen
Überlieferung, findet sich auch in einem Beitrag von M. S. Abdullah:
Demut und Bescheidenheit, Aufrichtigkeit, Höflichkeit, Wohltätigkeit,
Zuneigung und Mitgefühl, Mäßigkeit, Keuschheit, Beständigkeit,
Freundlichkeit, Seelenstärke, Selbstkontrolle, Zufriedenheit, Sauber-
keit, Reue, Geduld, Vergebungsbereitschaft, Vernunft, Arbeit, Ehrlich-
keit im Handel, Wissen, vorbildliches familiäres Verhalten.[5]

4. Muhammad, der Erwählte Gottes

Aus seinem Berufungserlebnis und aus der inneren Gewissheit, dass
Gott ihn mit seiner Rechtleitung begleitet, entstand in Muhammad
ein ausgeprägtes Erwählungsbewusstsein, das sich an vielen Stellen
im Koran ausdrückt.

Die ursprüngliche Forderung, die Gott an ihn stellt, enthält bereits
die Verpflichtung zu einer besonderen Haltung und einer besonderen
Bindung an Gott. Denn er soll Gott preisen, den Götzendienst meiden
und so mit der polytheistischen Tradition seiner Landsleute brechen;
erst dann ist er rein, und erst dann kann er freigebig sein und selbstlos
bleiben. Endlich muss er sich in Geduld üben, um den Entscheidungen seines Herrn entgegenzusehen und Gott ständig zur Verfügung zu
stehen (74,3–7).

Der Gnadenerweis Gottes zeigt sich auch darin, dass Gott ihn aus
seiner Armut und Verlassenheit errettet und ihm seine Schuld vergeben hat: »Und wahrlich, dein Herr wird dir geben, und du wirst zufrieden sein. Hat Er dich nicht als Waise gefunden und dir Unterkunft
besorgt, und dich abgeirrt gefunden und rechtgeleitet?« (93,5–7; vgl.
94,1–4.7–8).

---

[5] Vgl. M. S. Abdullah, *Mohammed*, in: M. S. Abdullah / A. Th. Khoury, *Mohammed
für Christen. Eine Herausforderung*, S. 35–41.

Muhammad war sich sein Leben lang seiner menschlichen Schwachheit bewusst; und er wird im Koran aufgefordert, für seine Sünde um Vergebung zu bitten: »Wisse nun, dass es keinen Gott gibt außer Gott. Und bitte um Vergebung für deine Sünde und für die gläubigen Männer und die gläubigen Frauen. Gott weiß, wo ihr umherzieht und wo ihr bleibt« (47,19). – »Wir haben dir einen offenkundigen Erfolg verliehen, damit Gott dir deine Sünden vergebe, die früheren und die späteren, und damit Er seine Gnade an dir vollende und dich einen geraden Weg führe ...« (48,1–2; vgl. 40,55; 9,43.117; 5,49).«

Muhammad weiß aber auch, dass Gott ihn rechtleitet: »Und ohne die Huld Gottes gegen dich und seine Barmherzigkeit wäre eine Gruppe von ihnen im Begriff gewesen, dich irrezuführen; aber sie führen nur sich selbst in die Irre, und sie schaden dir nichts. Und Gott hat auf dich das Buch und die Weisheit herabgesandt und dich gelehrt, was du nicht wusstest. Und die Huld Gottes gegen dich ist gewaltig« (4,113; vgl. 93,7; 48,2).

Der Prophet steht somit unter dem besonderen Schutz Gottes: Gott ist sein Freund und Sachwalter (7,196), er ist ihm Zuflucht gegen die Nachstellungen und Verführungen des Teufels (7,200), er leitet ihn recht trotz der Bemühungen der Menschen, ihn vom rechten Weg abzubringen (4,113).

Im Jenseits ist Muhammad für das Paradies bestimmt (68,3; 28,85), so wie alle anderen frommen Gläubigen. Gott wird ihnen allen ihren Lohn geben, »am Tag, da Gott den Propheten und diejenigen, die mit ihm gläubig sind, nicht zuschanden macht« (66,8).

Über eines der Zeichen der besonderen Zuwendung Gottes, die Himmelsreise, sind die wichtigsten Aussagen oben wiedergegeben.

Diese Himmelsreise soll in der Nacht des 27. Tages des Mondmonats Radjab stattgefunden haben. Über die Frage, ob sie eine körperliche Entrückung oder ein Traumgesicht oder gar ein Doppelerlebnis (d. h. einmal im Traum und dann noch einmal im Wachzustand) war, streiten sich die muslimischen Autoren. Sie alle betrachten jedoch dieses Erlebnis Muhammads als eine besondere Auszeichnung vonseiten Gottes.

Während der Himmelsreise habe Muhammad die besondere Nähe Gottes erlebt. Seine geistigen Fähigkeiten hätten durch die Erhebung in die höheren Bereiche der göttlichen Wirkung eine besondere Weihe erfahren, so dass der Prophet von nun an zwar gegen die Schwierigkeiten des Prophetenloses nicht gefeit, jedoch für die Erfüllung seiner Aufgabe in besonderer Weise ausgerüstet war.

Eine weitere Auszeichnung, die Gott Muhammad zuteil werden lässt, ist die Erlaubnis, am Tag des Gerichts Fürsprache für die Muslime, die als Gläubige gestorben sind, einzulegen und sie dadurch in Scharen ins Paradies zu führen. Muhammad habe sich nach den Angaben der Überlieferung in diesem Sinne geäußert:

– »Ich bin der Herrscher der Kinder Adams am Tag der Auferstehung, und der Erste, über dem sich das Grab spaltet, der Erste, der Fürsprache einlegt, und der Erste, dessen Fürsprache erhört wird« (nach Abu Hurayra, bei Muslim, Abu Dawud).
– »Ich bin der Erste, der Fürsprache einlegt, und ich bin der Erste, dessen Fürsprache erhört wird am Tag der Auferstehung ... Ich bin der Erste, der die Türklinke des Paradieses bewegen wird, so wird Gott mir öffnen und mich da hineingehen lassen, während die Armen unter den Gläubigen sich mit mir befinden« (nach Ibn ʿAbbas, bei Tirmidhi).
– In einer längeren Erzählung lässt die Überlieferung Muhammad sagen:
»Ich bin der Herrscher der Menschen am Tag der Auferstehung. Wisst ihr wodurch? Gott wird die Ersten und die Letzten auf einer Fläche versammeln. Wer hinblickt, wird sie sehen. Wer ruft, lässt sich von ihnen hören. Die Sonne naht. Da sagen einige von den Menschen: Seht ihr nicht, in welchem Zustand ihr euch befindet, wohin ihr gelangt seid? Wollt ihr nicht jemanden suchen, der für euch bei eurem Herrn Fürsprache einlegt? Einige Menschen sagen: Adam (soll es tun), euer Vater.
Sie kommen zu ihm und sagen: O Adam, du bist doch der Vater der Menschen. Gott hat dich mit seiner Hand erschaffen, er hat dir von

seinem Geist eingeblasen, und er hat den Engeln befohlen, und sie
warfen sich vor dir nieder, und er hat dich im Paradies wohnen lassen. Willst du nicht für uns bei deinem Herrn Fürsprache einlegen?
Siehst du nicht, in welchem Zustand wir uns befinden und wohin
wir gelangt sind?
Er sagt: Mein Herr ist in einen derartigen Zorn geraten, den er weder vorher gezeigt noch nachher je zeigen wird. Und er hat mir den
Baum verboten, aber ich war gegen ihn ungehorsam. Für mich
selbst, für mich selbst (muss ich sorgen). Geht zu einem anderen.
Geht zu Noach.
Sie gehen zu Noach und sagen: O Noach, du bist der erste Gesandte
zu den Erdenbewohnern. Gott hat dich einen dankbaren Diener genannt. Siehst du nicht, in welchem Zustand wir uns befinden, wohin wir gelangt sind? Willst du nicht für uns bei deinem Herrn Fürsprache einlegen?
Er sagt: Mein Herr ist heute in einen derartigen Zorn geraten, den
er weder vorher gezeigt noch nachher je zeigen wird. Für mich
selbst, für mich selbst (muss ich sorgen). Geht zum Propheten.
Da kommen sie zu mir. Ich werfe mich unter dem Thron nieder.
Und es wird gesagt: O Muhammad, erhebe dein Haupt. Lege Fürsprache ein, so wird deine Fürsprache erhört werden. Bitte, so wirst
du erhalten« (nach Abu Hurayra, bei Bukhari).[6]

Die besondere Auserwählung Muhammads kommt in Bezeichnungen
wie diesen zum Ausdruck: Muhammad sei »der Beste in der Welt«,
»der Imam der Welt und die Leuchte ihrer Bewohner«, »der Herr
und Prophet seines Volkes«. Muhammad selbst bezeichnet sich als
»der Liebling Gottes ... der Ehrwürdigste unter den Ersten und den
Letzten« (nach Ibn ʿAbbas, bei Tirmidhi).
    Neben diesen Aussagen über die Erwählung Muhammads findet
man die Warnung, die Person Muhammads maßlos zu verehren und
gar zu vergöttlichen. Dennoch hat sich die Volksfrömmigkeit seiner

---

[6] Aus meinem Buch: *So sprach der Prophet*, S. 84, 85, 88–89.

Gestalt bemächtigt, sie immer mehr idealisiert und oft ins Wundersame und Überdimensionale gerückt.

Ein Beispiel davon sind die Erzählungen über die wunderbaren Zeichen, die die Empfängnis und die Geburt Muhammads begleitet haben sollen. Nach Ibn ʿAbbas habe die Mutter Muhammads, Amina, erzählt:

>»Ich gebar Muhammad, und ich wandte mich, um ihn zu betrachten, und siehe, da lag er anbetend, seine Hände gen Himmel hebend, wie einer, der demütig fleht. Dann sah ich eine Wolke, die vom Himmel her ihn bedeckte, so dass er mir unsichtbar wurde. Und ich hörte jemanden, der da rief: Führt ihn um die Erde herum im Osten und im Westen, und führt ihn zu den Meeren, dass sie ihn erkennen mit seinem Namen und seiner Gestalt und seinen Eigenschaften, und damit sie wissen, dass er in den Meeren *al-Mahi* ist, denn allen Polytheismus wird er wegwischen. Dann schwand die Wolke schnell, und sieh da, da lag er in ein weißes Kleid gewickelt, und unter ihm lag eine grüne Decke aus Seide. Er hielt drei Schlüssel aus weißen Perlen in der Hand, und jemand rief: Sehet, Muhammad hält die Schlüssel des Sieges, des Schlachtens und des Prophetentums in seiner Hand.«[7]

Aber diese Auswüchse sind nicht das Entscheidende in der Beziehung der Muslime zum Verkünder ihrer Religion. Viel wichtiger für ihren Glauben und ihren Weg ist ihnen die Verbundenheit mit Muhammad, die sie in ihrem Verhalten zum Ausdruck bringen wollen und auch in ihrem täglichen Gebet bezeugen. Im sogenannten Bezeugungsgebet heißt es nämlich:

>»Gott gehört die Ehrerbietung, das Gebet und die guten Werke. Der Friede sei über dir, o Prophet, und die Barmherzigkeit Gottes und seine Segnungen.

---

[7] Zitiert nach T. Andrae, *Die Person Muhammads in Lehre und Glauben seiner Gemeinde*, S. 63. Siehe weitere Geburts- und Kindheitsgeschichten sowie Wundererzählungen verschiedener Art im selben Buch.

Der Friede sei über uns und über den tugendhaften Dienern Gottes.
Ich bezeuge, es gibt keinen Gott außer Gott, und ich bezeuge, Mu-
hammad ist der Gesandte Gottes.
O Gott, sprich den Segen über Muhammad und die Angehörigen
Muhammads, wie du den Segen über Abraham und die Angehöri-
gen Abrahams gesprochen hast. Und segne Muhammad und die
Angehörigen Muhammads, wie du Abraham und die Angehörigen
Abrahams in der Welt gesegnet hast.
Dir gebührt das Lob und die Herrlichkeit.«[8]

Damit erfüllen die Gläubigen das Wort des Korans: »Gott und seine
Engel sprechen den Segen über den Propheten. O ihr, die ihr glaubt,
sprecht den Segen über ihn und grüßt ihn mit gehörigem Gruß«
(33,56).

---

[8] Aus meinem Buch: *Gebete des Islams*, S. 32.

8. Kapitel

Wer ist Muhammad für die Christen?

In diesem abschließenden Kapitel geht es um die Würdigung der Person Muhammads aus christlicher Sicht. Es wird also nicht mehr das ausgeführt, was die islamische Tradition von Muhammad sagt und wie ihn die Muslime in ihrem Glauben sehen. Es wird vielmehr gefragt, wie die Christen, ausgehend von den Aussagen ihres eigenen Glaubens und von den Wahrheitskriterien, die ihre theologische Tradition entwickelt hat, über Muhammad und seinen prophetischen Anspruch urteilen können.

Es ist heute nicht mehr hilfreich, die Urteile zu übernehmen, welche christliche Polemiker in der Vergangenheit, und zwar im Osten wie im Westen, über Muhammad gefällt haben. In einem Klima der Konfrontation und Feindschaft suchte man früher Muhammad als einen Kranken und Betrüger darzustellen und undifferenziert als falschen Propheten hinzustellen. Die dabei angeführten Argumente können folgendermaßen zusammengefasst werden: Muhammad hat keine Zeugen für den Empfang der Offenbarung gehabt; er ist von früheren Propheten auch nicht vorausverkündigt worden; er hat selbst keine wahren Weissagungen ausgesprochen; er hat keine Wunder gewirkt; sein Verhalten widerspricht christlichen Moralvorstellungen: Davon zeugen seine übertriebene Sinnlichkeit und seine Neigung, Waffengewalt gegen seine Widersacher anzuwenden.[1]

---

[1] Siehe die ausführliche Darstellung dieser Argumente in meinem Buch: *Polémique byzantine contre l'Islam*, Leiden 1972, S. 11–140; ders., *Der Islam in der Sicht christlicher Theologie*, in: Andreas Bsteh (Hrsg.), *Christlicher Glaube in der Begegnung mit dem Islam*, Mödling 1996, S. 265–286; 287–326 passim. Siehe auch die vorzüglichen Arbeiten von Ludwig Hagemann, *Der Kur'an in Verständnis und Kritik bei Nikolaus von Kues*, S. 85–98; ders., *Propheten – Zeugen des Glaubens*, S. 183–193.

Die Stellungnahme in diesem Buch folgt eher der Richtung und dem Anliegen, die sich das Zweite Vatikanische Konzil zu eigen gemacht hat, als es sich vornahm, die Haltung der Kirche zu den nichtchristlichen Religionen neu zu definieren: »Gemäß ihrer Aufgabe, Einheit und Liebe unter den Menschen und damit auch unter den Völkern zu fördern, fasst sie *(die Kirche)* vor allem das ins Auge, was den Menschen gemeinsam ist und sie zur Gemeinschaft untereinander führt« (*Nostra aetate*, 1).

1. *Religionsphänomenologisch* gesehen, weist die Gestalt Muhammads die typischen Merkmale auf, die einen Propheten kennzeichnen und die man auch bei den Propheten des Alten Testaments findet. Muhammad ist von einem tiefen Sendungsbewusstsein getragen; er spricht im Namen Gottes; er ist bereit, für die Ausrichtung seiner Botschaft zu leiden; er stößt dabei auf den Widerstand der Menschen und setzt seine Hoffnung auf den Gott, der ihn nach seiner Überzeugung berufen und gesandt hat.

2. Für die *christliche Theologie* bildet aber, neben den verbindlichen Wahrheiten des christlichen Glaubens, der Inhalt der von Muhammad verkündeten Botschaft die wichtigste Grundlage zur Beurteilung seines prophetischen Anspruchs.

Die Botschaft des Korans hat bewirkt, dass Menschen dem Heil Gottes nähergekommen sind. Denn sie hat die polytheistischen Altaraber zum Monotheismus geführt und ihnen die Normen des Guten (die Zehn Gebote Gottes, wie im Alten und im Neuen Testament) nahegebracht. Sie hat auch eine zwar im christlichen Sinne nur unvollkommene Erkenntnis von Jesus Christus gebracht, damit aber immerhin den Unglauben gegenüber Christus überwunden. So ist Muhammad – auch wenn er die Gottheit Jesu Christi leugnet und die christliche Trinität als Tritheismus zurückweist – aufgrund seiner grundsätzlichen Stellungnahme für Jesus Christus und seines initialen Glaubens an Jesus Christus mit ihm verbunden. Christlicherseits muss ihm zugute gehalten werden, dass er – in der Sicht einer Stufentheorie der Suche nach der vollen Wahrheit – sich nicht total verschließt und von Christus entfernt, sondern sich – zwar am Rand, aber immerhin noch – innerhalb des Bereichs der Erkenntnis Christi bewegt.

Somit könnte Muhammad mit den Propheten verglichen werden, die in der Zeit vor Christus (in seinem Fall: vor dem Christus des christlichen Glaubens) ihre Botschaft verkündet haben und auf unvollkommene Weise auf Christus hinweisen und teilweise zu ihm führen.

Auch könnte Muhammad den Gestalten des Alten Testaments zugerechnet werden, die punktuell prophetisch geredet haben, und deren punktuelles prophetisches Reden von der Bibel als echt anerkannt wird. Er könnte auch zu den Propheten gesellt werden, deren Wirken und Botschaft die Menschen zum Glauben an Gott und zur Umkehr bewegt haben, ohne dass sie den Anspruch erheben, das Wort Gottes definitiv gesprochen und den idealen Vorstellungen sittlichen Handelns in allem entsprochen zu haben.

Aber der Islam versteht die prophetische Sendung Muhammads als Aufforderung, die Botschaft des Korans als die einzig wahre Religion anzunehmen und daher den Gehorsam des Glaubens und des Handelns zu leisten. Das bedeutet einfach den Übertritt zum Islam.

Können Christen, ausgehend von den Kriterien ihres eigenen Glaubens, diese Aufforderung annehmen und befolgen?

Hier bilden die verbindlichen Wahrheiten des christlichen Glaubens die Norm zur Beurteilung der Echtheit einer prophetischen Sendung, und dies in dem Sinne, dass jemand, dessen Botschaft im ausdrücklichen Widerspruch zu den verbindlichen Dogmen des christlichen Glaubens steht, kein echter Prophet sein kann, welcher einen universalen Geltungsanspruch erheben und zum Gehorsam des Glaubens und des Handelns auffordern darf.

Das ist der entscheidende Punkt, der Christen und Muslime in ihrer jeweiligen Glaubensentscheidung trennt. Die Aussagen des Korans über Jesus Christus (Jesus sei nicht Gottes Sohn, sondern nur ein begnadeter Mensch; Jesus habe keine Heilsfunktion als Erlöser und Heiland) und über die Trinität (als Anbetung dreier Götter zurückgewiesen) stehen in einem ausdrücklichen Widerspruch zu den verbindlichen zentralen Glaubenswahrheiten des christlichen Glaubens. In diesem Sinn wurden die koranischen Aussagen bislang gedeutet und bekräftigt.

Außerdem wird Muhammad im Koran als »das Siegel der Propheten« (33,40) bezeichnet, und der Koran wird im Islam als das letztgültige und allgemein verbindliche Wort Gottes an alle Menschen betrachtet. Dies verträgt sich nicht mit dem Glauben der Christen, dass Gott sich in Jesus Christus in letztgültiger und unüberbietbarer Weise offenbart hat.

Hauptsächlich dies sind die zentralen Punkte, die den Glauben der Christen von dem der Muslime unterscheiden und trennen. Christen und Muslime können in der Würdigung der Gestalt Muhammads eine lange Strecke des Weges zusammen gehen, indem sie die Züge Muhammads hervorheben als eines der größten Religionsführer der Menschheit, als einer großartigen Gestalt voller Weisheit und Menschenkenntnis, Milde und Nachsicht, Scharfsinn und Entschlossenheit, als eines Menschen, der immer wieder prophetisch geredet und die Menschen zu Gott und seinem Willen hingeführt hat. Die allerletzte Entscheidung des Glaubens aber, ob Muhammad der Prophet und Gesandte Gottes an alle Menschen sei, wird Christen und Muslime so lange trennen, bis vielleicht eine differenziertere Deutung der koranischen Texte den ausdrücklichen Widerspruch zwischen ihrem Inhalt und dem christlichen Glauben aufhebt.

Es ist dabei nicht besonders hilfreich, wenn Christen den Islam gerade in seinen christologischen Aussagen als Vertreter einer judenchristlichen Theologie hinstellen, also als eine Etappe auf dem Weg der Entwicklung der christlichen Christologie.

Ein solches Angebot christlicherseits wäre erst dann annehmbar und nützlich, wenn die koranische Christologie nicht als ausdrücklicher Widerspruch zum christlichen Dogma verstanden wird, d. h., wenn sie offen wäre für die weitere Entfaltung der Christologie, oder wenn sie – vielleicht aufgrund von Missverständnissen – nur objektiv (d. h. ohne Wissen und Absicht) im Widerspruch zum christlichen Glauben stünde. Aber gerade das ist bisher nicht das Selbstverständnis des Islams nach seiner eigenen Tradition. Der Islam erhebt nämlich bislang den Anspruch, die allein richtige Interpretation der Person Jesu Christi darzustellen; was darüber hinausgeht, wird als »Unglaube«, als »polytheismusverdächtig« hingestellt und als Abweichung, Verfälschung und Abfall verurteilt. D. h.: Die Christologie des Korans will ausdrücklich – so wenigstens die herkömmliche Deutung im Islam – die christliche Christologie zurückweisen und verurteilen. Solange dieser ausdrückliche Widerspruch besteht, werden Christen und Muslime die Trennung zwischen ihren Religionen auszuhalten haben.

3. Aus den Reihen der *Muslime* wird immer an die Adresse der Christen die Forderung erhoben: Die Christen sollen aus Gründen der Parallelität an Muhammad glauben, da ja die Muslime an Jesus Christus glauben.

Diese Forderung ist wenig überzeugend. Ihr liegt zunächst einmal ein logischer Fehler zugrunde. Denn die vermeintliche Parallelität, die die Grundlage des Arguments bildet, erweist sich bei näherem Hinschauen als nicht gegeben. Die Muslime glauben nicht an Jesus Christus, wie die Christen an ihn glauben (dass er nämlich Gottes Sohn ist, Mensch geworden zum Heil der Menschen), so dass die Christen nun ihrerseits an Muhammad glauben sollen, wie die Muslime an ihn glauben. Wenn man also die oben erwähnte Forderung genau formuliert, heißt sie in Wirklichkeit: Die Christen sollen an Muhammad glauben (wie die Muslime an ihn glauben), da ja die Muslime an Jesus glauben (auch wiederum wie die Muslime an ihn glauben). Das Argument der Parallelität, das einigen plausibel erscheinen mag, ist daher nicht begründet. Wirkliche Parallelität wäre erst gegeben, wenn die Muslime bereit wären, an Jesus Christus zu glauben, wie ihn die Christen sehen; dann wären die Christen aufgefordert – aufgrund der nun hergestellten Parallelität – an Muhammad zu glauben, wie ihn die Muslime sehen.

In diesem Fall würden aber die grundlegenden Glaubensaussagen beider Religionen, die bislang Christen und Muslime getrennt haben, nicht mehr im Widerspruch zueinander stehen. Dies ist jedoch nicht

die Grundlage der oben ausgesprochenen Aufforderung der Muslime
an die Adresse der Christen.

Außerdem geht es den Christen wie den Muslimen in Glaubensfragen nicht um ein äußeres Kriterium, etwa die Parallelität in der Haltung, sondern in erster Linie um die Treue zum eigenen Glauben und
um die Bereitschaft, offen mit dem jeweils anderen zu sprechen, um
weitere Gemeinsamkeiten zu finden, Missverständnisse auszuräumen
und den Weg zu einem freundschaftlichen Zusammenleben der beiden
Gemeinschaften zu ebnen.

Endlich fordert der Geist des aufrichtigen Dialogs, dass jeder Partner dem anderen das Recht einräumt, auf der Grundlage und aus der
Perspektive seines eigenen Glaubens an die schwierigen Fragen heran-
zugehen, die Christen und Muslime noch trennen.

4. Ein *Schlusswort* sei hier noch angefügt. Über den Islam und über das
Christentum (über ihre Botschaften, Lehren und Normen) äußern
sich Christen und Muslime schon lange in ihren Bemühungen, einen
offenen, von kritischer Sympathie getragenen Dialog zu ermöglichen
und zu führen. Über Muhammad selbst, den Verkünder des Korans
und den Propheten des Islams, fängt das Gespräch gerade an – nicht
das polemische Gespräch, sondern das gemeinsame Suchen nach einer
treffenden Einschätzung seiner Person und seines Wirkens, nach einer
gerechten Würdigung seines Beitrags in der Geschichte der Menschheit und nach einer theologisch verantwortbaren Stellungnahme zu
seiner Rolle im Heilsplan Gottes.

Der erste Schritt ist getan, die erste Etappe eröffnet. Der lange Weg
vor uns muss gemeinsam zurückgelegt werden. Im Laufe ihrer bishe-
rigen Geschichte waren Christen und Muslime Weggefährten und
Gegner. Weggefährten und Partner sollen sie nun werden und gemeinsam die Etappen des Weges in die Zukunft beschreiten. Partner und
Freunde sollen sie auch werden, und dies trotz aller Unterschiede
und jenseits aller trennenden Glaubensaussagen. Denn sie stehen alle
unter dem Wort Gottes in der Haltung derer, die zuhören und bereit
sind, zu gehorchen, sich dem Willen Gottes zu unterwerfen und sich

seiner Liebe hinzugeben. Wo das kurzsichtige Hinweisen auf den Glauben uns verschlossen und ungerecht gemacht hat, soll nun das Glauben, das gemeinsame Stehen unter dem Wort Gottes uns einander näherbringen; es soll uns ermöglichen, in unserer zusammenrückenden Welt unsere Zugehörigkeit zueinander und unsere Solidarität mit allen Menschen zu bejahen und zu verwirklichen.

Literaturhinweise

Der Koran. Übersetzung von Adel Theodor Khoury. Unter Mitwirkung von Muhammad Salim Abdullah (GTB 783), Gütersloh 1987, [4]2007.

Adel Theodor Khoury, *Der Koran.* Arabisch-Deutsch. Übersetzung und wissenschaftlicher Kommentar, Bd. I–XII, Gütersloh 1990–2001.

Adel Theodor Khoury, *Der Koran.* Übersetzt und kommentiert, Gütersloh 2007.

Adel Theodor Khoury, *Der Hadith.* Quelle der islamischen Tradition, Band I, Gütersloh 2008.

Adel Theodor Khoury, *So sprach der Prophet.* Worte aus der islamischen Überlieferung (GTB 785), Gütersloh 1988.

A. Th. Khoury / L. Hagemann / P. Heine, *Islam-Lexikon. Geschichte, Ideen, Gestalten,* (Herder/Spektrum 5780), Freiburg [3]2006.

A. Th. Khoury / Peter Heine / Janbernd Oebbecke, *Handbuch Recht und Kultur des Islams in der deutschen Gesellschaft,* Gütersloh 2000.

Muhammad S. Abdullah / Adel Th. Khoury, *Mohammed für Christen. Eine Herausforderung* (Herderbücherei 1137), Freiburg 1984.

Tor Andrae, *Die Person Muhammeds in Lehre und Glauben seiner Gemeinde,* Stockholm 1918.

–, *Mohammed. Sein Leben und sein Glauben,* Göttingen 1932.

Roger Arnaldez, *Mahomet ou la prédication prophétique,* Paris 1952.

Frants Buhl, *Das Leben Muhammeds* (deutsch von H. H. Schaeder), Heidelberg [3]1961.

Ludwig Hagemann, *Der Kur'an in Verständnis und Kritik bei Nikolaus von Kues. Ein Beitrag zur Erhellung islamisch-christlicher Geschichte,* Frankfurt/M. 1976.

–, *Propheten – Zeugen des Glaubens. Koranische und biblische Deutungen,* Altenberge [2]1993.

Ibn Ishaq, *Das Leben des Propheten.* Übersetzt von Gernot Rotter, *Bibliothek Arabischer Klassiker* in der Edition Erdmann, Tübingen/Basel 1976.

Adel Theodor Khoury, *Einführung in die Grundlagen des Islams,* Würzburg/Altenberge [4]1995.

–, *Der Islam. Sein Glaube – seine Lebensordnung – sein Anspruch* (Herder Taschenbuch 1602), Freiburg [6]2001.

–, *Gebete des Islams,* Gütersloh 1995.

–, *Toleranz im Islam,* München/Mainz 1980; Altenberge [2]1986.

–, *Christen unterm Halbmond. Religiöse Minderheiten unter der Herrschaft des Islams*, Freiburg 1994.

–, *Die Weisheit des Islams*, Freiburg 2006.

–, *Was sagt der Koran zum Heiligen Krieg?*, überarbeitete und erweiterte Auflage, Gütersloh 2007.

Rudi Paret, *Mohammed und der Koran*, Stuttgart [9]2005.

Annemarie Schimmel, *Und Muhammad ist Sein Prophet. Die Verehrung des Propheten in der islamischen Frömmigkeit*, Düsseldorf/Köln 1981.

Hermann Stieglecker, *Die Glaubenslehren des Islam*, Paderborn [2]1983.

W. Montogomery Watt, *Muhammad at Mecca*, Oxford 1953.

–, *Muhammad at Medina*, Oxford 1956.

–, *Muhammad, Prophet and Statesman*, London 1961.

Wir danken dem Gütersloher Verlagshaus in der Verlagsgruppe Random House GmbH für großzügig erteilte Abdruckrechte und empfehlen zur vertiefenden Lektüre:

Der Koran.
Übersetzt und kommentiert von Adel Theodor Khoury,
Gütersloher Verlagshaus 2007.

Der Hadith. Quelle der islamischen Tradition
Ausgewählt und übersetzt von Adel Theodor Khoury
Gütersloher Verlagshaus
Band I: Der Glaube (ISBN 978-3-579-08066-6), 2008
Band II: Die Grundpflichten und Riten. Askese. Tugenden
Band III: Ehe und Familie
Band IV: Soziale Fragen
Band V: Der Einsatz (djihad) – Verschiedenes